愛，需要勇敢

創造幸福感的關係練習

康思云等——著

推薦序

創造高齡世代的「新正常關係」

台灣大學社會工作學系教授　楊培珊

身為老師，我感到非常幸福，有緣看著這三位慧質蘭心的美女社工，從臺大畢業就一直孜孜不倦為長者服務，二〇一〇年，自己開了「新活藝術服務有限公司」，現在還成了作家要出書了！

身為讀者，我感到非常幸福，有幸可以閱讀這本充滿著愛的書。在馬斯洛的需求層次理論中，「愛與歸屬」是很基本的人性需求，但有多少人終其一生，渴求而不得，不知如何付出與接受愛；又或是因為一句話、幾個字，就糾結一輩子，破壞了最想擁有的關係。康康老師、花花老師和小彭老師，這三位「老年藝術社工」，透過她們自己的生活和工作經驗，在陪伴許許多多不同年紀的人們中，細細整理、創作、淬取出來的精華，寫成了這本充滿著愛的語言和愛的行動的寶貝書。

身為研究台灣高齡社會的學者，我感到非常幸福，看到這本書能由「親子天下」這個臺灣首屈一指的教育品牌媒體來出版！隨著台灣人口結構鉅變，高齡少子的社會有愈來愈多「大親子」的題目需要解答，就是成年子女與中老年父母之間的「新正常關係」，如何在日常生活事件和互動中，發展、醞釀、滋養彼此的生命，留下回味而不是留下酸苦。

希望每個人都能擁有這本書，好能一起體驗愛與關係的美好，也跟著作者們出的練習題，在自己的生命花園中，種下多彩的花朵！

推薦序

人生要有麵包，更要有玫瑰香

新光人壽慈善基金會執行長　吳欣盈

面對老化議題，除「身體健康」、「經濟安全」，就像俗諺說「人生要有麵包，更要有玫瑰香」，這股玫瑰香，正是我們運用藝術，搭起人與人之間溝通的橋樑。

二〇〇三年受美國洛克菲勒基金會推薦，新光人壽慈善基金會與美國創意老化先驅、柯林頓總統銀髮顧問Susan Perlstein女士接洽，並於兩年後將「傳承藝術」及「活化歷史」方案正式引進台灣，在果陀劇場林靈玉執行長與台北市家庭照顧者關懷協會林薇莉理事長的支持下，遴選此兩組織員工與本會同仁前往紐約培訓；同時，我們聘請台大社工系楊培珊教授，為分析藝術輔療成效的評鑑負責人。對新光來說，保戶服務與公益投入，不分營利與非營利，我們皆用心付出。

後續，我們也參與、舉辦國際性論壇與展覽，串聯更多口述歷史的夥伴（從布袋戲、食譜、裝置藝術等），顛覆社會大眾對長者的刻板印象，進而願意加入我們的行列，共同讓「創意老化」變成社會運動。

二〇一〇年「傳承藝術」專案轉型為社會企業「新活藝術服務有限公司」，很高興當初的種子教師思云、明璇與新進夥伴恩寧，將多年來服務長者和照顧長者的經驗，化繁為簡地撰寫成書，身為開啟這一切美好旅程的我，也福杯滿溢、同感喜樂。

盼望這群好朋友繼續攜手為創意老化而努力，祝福我們共同摯愛的台灣！

推薦序

讓陽光灑落，成為他人溫暖的照拂

《安可人生》、《創新照顧》雜誌創辦人　李正雄

和康康、恩寧、明璇以及「新活藝術」的夥伴們相識，緣於二〇一六下半年，我創辦了安可傳媒，出版了以熟齡和退休族群為主要讀者的《安可人生》雜誌，那個時期，認識了許多透過不同方式服務高齡長輩的新創團體、年輕人們，透過藝術帶領來服務長者的新活藝術便是其一。

頭一回相見，我便對前來拜訪的康康和恩寧印象深刻，兩個甜美陽光的大女孩，講話和笑聲一如外型，讓會議室裡彷彿灑進了陽光、綻放歡樂的花朵。

後來，跟她們有更多的機會碰面、更深的合作交流，並且看到她們投稿至《安可人生》網站上的專欄文章（許多文章亦收錄在此書中），才發現她們的陽光原來是從內在照耀出來的。並不是她們沒有煩惱或抱怨的時刻，而是

這群社工背景出身的女孩，總試圖用更柔軟的心態、更傾聽的姿態，去體會和理解身旁的人事物。她們試圖搭起一座座的橋（專欄名稱取名為「搭橋聊天室」），讓讀者透過她們所見所聞的故事，映照出自己和他人的情緒和反應，唯有設身處地、真心理解，人與人之間的溝通橋樑才能真正暢通。

很高興這群善解的女孩，把她們從工作和生活中所學習到的心靈成長、關係經營的心得和心法，經過系統性的整理，大方分享出來。其中，有她們多年來透過藝術服務、陪伴長輩，從中心領神會的長輩教我們的事；也有回到所有關係的根本：自己，和自己好好相處、對話，愛上自己的練習和功課；接著再從自我出發，建立和修補與他人之間更美善的人際關係。第四章的章節「還在撩妹語？來個逗奶語吧！」也很有意思，長輩也很需要被「逗」，值得讀者參考並自行發揮創意。

這些助人工作者透過個人纖細的感受、真誠的文字紀錄和留下自助、助人的寶貴經驗，在這個年代，負能量是種抒發，但我們依舊渴望正能量，謝謝她們的努力，讓陽光灑落到更多地方，而我們也能在每日生活中成為他人溫暖的照拂。

推薦序

想得到愛最快的方法，是試著去愛一個人

臨床心理師　洪仲清

「愛能治癒人們，無論是給予的人還是接受它的人。」——美國心理學家卡爾．門寧格（Karl Menninger）

談「愛」，在我們的文化中並不容易，尤其傳統並不鼓勵表達情緒。但以藝術入門，並且輔以言語整理自己的生命經驗，我們超脫於眼前的侷限，以更宏觀的視野去探索，可以讓我們觀照到「愛」的存在——即便當事人平時不一定能把愛展現出來。

如果只在意識層面尋找「愛」的痕跡，我們常只能感受到極其短暫的浮光掠影。也許是孩子還沒長大的時候，也許是婚前山盟海誓的愛戀，但一落入尋常生活，相愛容易相處難，談到工作、功課、家務、財務……，引發煩躁、

氣惱、挫折、歉疚、不安……，常常我們被淹沒到，只求日子能過就好。

在我們的社會裡，女性常常為家庭照顧者的主力，又通常兼任母職。傳統文化對母愛有過高的期待，似乎不允許母愛也只是人性的某一面，也會有疲憊失控的時時刻刻。

犧牲自我被言傳為美德，但不符人性，所以挫折失落又不一定能與人訴說，這些都曾被看待為某種家醜。我喜歡作者群的工作，他們所召喚出來的情感，質地特別柔軟美善，愛人者與被愛者，交織出動人的真誠會心。

我以讀者的身分，目光在字裡行間緩緩漫步，都能感覺內在的某個部分被治癒了。

我這幾年看了好多書、聽了很多故事，我深刻體會：能感動我的，不是華麗煽動的字句，反而是一種融入生命的質樸誠懇。我敬佩作者群的努力，工作之餘又記錄了自己的梳理省思，我何其有幸能藉此反觀我自己，也有陰晴圓缺流轉的人性。

「如果我想要促使與我相關的他人成長，我自己必須不斷成長；成長的確常常會令人感到痛苦，但也令人變得更豐富充實。」——心理學大師卡爾．羅傑斯（Carl Rogers）

我常跟家庭一起工作，喜怒哀樂常與共。當下在痛苦的時候，覺得時間難熬，度日如年。但一晃眼，也在匆忙中度過歲歲年年，原本以為的無解，回頭來看其實只是我們當初的自限，苦中作樂原來可以磨練。

照顧者也需要被照顧，但照顧者自有其生命力，有時僅僅是陪伴傾聽，照顧者收拾完淚水，就勇敢地轉身繼續投入每日反覆循環無盡的照顧工作。我常常在這樣的驚奇中，跟照顧者一同成長。

祝願您，能藉著這本書，也感受到我所經驗過的治癒與驚奇！

推薦序

以終為始，思索想要的未來

「小村子」創辦人　高雅雪

在本書中，隨著新活藝術社工的陪伴，一個個長者的故事娓娓道來，彷彿走進爺爺奶奶們的生命，尤其是奶奶們不管在生活選擇、身體限制、各種親密關係的維繫與變化，鮮活的經驗，讓我能以終為始，想一想未來二十年的自己要過什麼樣的生活，從而調整現在的腳步與方向，看清楚優先順序。

跨世代女性經驗的交流給予我們生活智慧，我也更理解媽媽、阿姨們的想法與關心。

近幾年在推動女性重回職場議題時發現，無論時空背景如何變化，家庭、親子、伴侶與自我的關係，都是女性生涯中重要的核心。有時我們困在目前的忙碌，忽視更重要的關係，或者對生活感到困頓不知所措，這時，各種形式的跨世代交流對話，讓我們可以借重別人的經驗，也能促進不同代間相互溝通理解。

書中提出許多故事與自我練習的方法，對於即將邁入熟齡的人是很好的提點。尤其許多女性關切如何重回職場、兼顧工作與家庭，那麼「用嗜好與擅長建立個人品牌識別」，絕對是重要的第一步，也是掌握在自己手上隨時可以進行的事情。老驢掉進井裡故事中，那第一次「甩落塵土」的勇氣，給我許多啟發，拋開過去的包袱與困難，才會發現自己的未來還有不同可能！

好評推薦

真實世界的問題，沒有學科界線。只有冒險「跨」出去，試著去理解，才能讓山頭的兩端，不會只有對看（罵），還能真誠對話，而我們期待的改變也才會真的到來。只是「跨領域」知易行難，如何讓原來不同的兩端，互相理解、建立連結，需要長時間的練習。

在《愛，需要勇敢》這本書裡，康康、恩寧、明璇用故事，帶出許多關於「關係」的功課，而這些功課恰好是學校不好教，但可以自己學的，像是：愛、信任、分享、道歉、讚美，如果你剛好在家庭、生活或職場上有些卡住，這本好讀的小書能幫你重新思考自己與自己、與他人的關係，有能力在各種關係中更加自在。

——吳明錡／台北醫學大學跨領域學院執行長

這本書的三位作者，以全貌的眼光，用接納與愛，去滋養生命，將關係的藝術，表達的相當感性，也涵蓋了哲學的豐富，以及實作的方式，閱讀起來非常療癒。

——**李崇建／薩提爾推手**

我很喜歡強調，當我們面對「病人」時，除了看到他們的「病」，更要懂得看到他們的「人」，懂得去尊重每個病人有不同的夢想、難處、嗜好、心理界線等。在這高齡的世代，沒有人可以不生病，了解並關顧每個人，可以助人更有力量去面對疾病。康執行長最讓我佩服的，是她對人們所展現的關顧心腸與技巧，她把這些化為本書中的文字，分享給眾人，誠如她在書中所說的「你的生命價值，來自與人分享」，這是一本何等有價值的好書！

——**施以諾／作家、輔大醫學院職能治療學系 系主任**

自古有個難題，是關於「先有雞還是先有蛋」。跟思云認識許久，也同時讓我遇到相同的困惑，是因為她做的事情很有意義，「老年藝術社工」——用藝術作為媒介來服務長者，所以才讓她有源源不絕的熱情；還是她本身就是很有熱情的人，所以才能找到這份有意義的工作。

後來拜讀她的書《愛，需要勇敢》之後我終於找到答案，兩者皆是。因為她所相處的老年朋友們，充滿了許多感動人的故事，不自覺會被他們的愛與生命的故事所激勵。思云在這過程中也不斷學習讚美、認識自己、勇敢去愛以及勇敢示弱，才慢慢長出令人感受到溫度的熱情。給翻開這本書的你，珍惜這份巧遇，勇敢地帶回家，讓愛在你的心裡長大。

——**鄭俊德／閱讀人創辦人**

有了孩子之後，我們把所有的柔軟，都給了孩子。留給自己的，通常是疲憊、不確定自己是否做得夠好的懷疑、事情一件接一件的狼狽、偶爾得空放鬆卻莫名出現的罪惡感。

女性的一生鋪墊了密密麻麻的各種關係和愛，每份關係裡我們都是一個角色，母親、妻子、媳婦、女兒、摯友、同事、主管……，層層疊疊的角色底下，最重要、最直指本質、卻也最容易被放在最後的，其實是我們和自己的關係。這是一本這樣的書，領你穿越這些層層疊疊的角色，清晰地看見自己，坦坦然然地，把柔軟，迴向你自己。

——**黃乙白／High媽心理師**

作者序

運用藝術服務所學，發揮「優質關係」的影響力

康思云

我所從事的職業很特殊，不僅小時候沒聽過有人在做這個工作，大學就讀社工系時，也不知道在社工的領域裡有這個類別。直到工作了十幾年後才知道，原來我的工作在國外有一個特殊的職稱，叫做「老年藝術社工」——用藝術作為媒介來服務長者。

二〇〇五年，當時仍在第一線照顧機構擔任老年社工的我，由新光人壽慈善基金會遴選至紐約向美國的創意老化先驅蘇珊・博斯坦（Susan Perstein）女士學習，將「傳承藝術（Legacy Art Work）」方案帶回台灣，同時開啟了與新光人壽慈善基金會至今長達十六年的專案合作，用藝術服務老年人，陪伴長者將生命故事創作為視覺藝術作品，並在過程中與他人產生美好的社會互動（請參考附錄「認識傳承藝術」）。

就讀社工系時，大部分同學選擇兒童或青少年作為服務的對象，因為大家覺得兒少是最有可塑性、也是最有希望的族群。我也曾嘗試在兒童跟青少年領域實習，但在實際服務過不同年齡階段之後，毅然決然選擇了老年社工為自己的志業。許多人問我：「思云，妳為什麼要服務老人？」起初，我的理由非常單純，因從小由外公外婆帶大，長者總是帶給我更多親切感，他們是我所知道最慈藹、最有禮貌的一群人，經過人生的歷練，他們更能感受他人的真心，也願意肯定對方的付出。

而於實證研究也證實長者有許多優勢。美國疾病預防控制中心研究顯示，隨著年齡增長，壓力、煩惱、憤怒等負面情緒隨之下降；史丹佛長壽中心的研究則證實，隨著年齡增長，同一個人會呈現愈來愈正向的情緒體驗。也就是說，其實我們將會愈老愈快樂。而根據「感應時間理論」，由於長者比年輕人更意識到時間的有限性，因此更能看清生命中的優先順序。

在工作中，大我好幾十歲的長者向我講述自己的快樂與悲傷、成就與遺憾，不時會有長者問我：「為什麼我現在才懂得的事情，妳這個年齡就懂了？」我總是回答：「感謝上帝，讓我有機會認識你們，你們的生命故事，就是我的老師。」這些從長者生命中學到的點點滴滴，是真正讓我繼續從事這份工作的原因，與長者的相處徹底擴展了我對人生價值、人與人之間互動關係的觀點，並確實改變了我的生活態度、對愛的理解、在工作中的熱情，以及為人父母的過程。

因著工作歷程中不斷的衝擊與反思，我與團隊的夥伴們開始撰寫一系列探討「人我關係」的文章，也因此有了你手中的這本書。在閱讀本書之前，讓我先與你分享四件我從長者身上學到的事：

第一件事，要盡力善待每一個人。

平時你到了一棟陌生的大樓，會主動跟大樓管理員、清潔人員打招呼嗎？

過去的我，不會。在三十歲之前的人生中，人被我二分為「朋友」及「不是朋友」兩種人，而能稱為朋友的人並不多。因此，生活中大部分的人，我不需要跟他們有太多互動。直到一對老夫妻改變了我。

剛開始從事老年藝術社工這個工作時，在新竹的榮譽國民之家（簡稱：榮家）認識了一對老將軍夫妻，他們姓楊，在榮家中軍階最高，每逢年節會收到總統的卡片，有貴賓到訪時也一定先拜訪他們，兩老卻非常謙和有禮。雖然我比他們小了五十多歲，連榮家的最高長官也都是楊老將軍的學生，但兩個老人家總是尊稱我為「老師」，每堂課都早早的來到教室，笑著說：「做學生就是應該這樣。」

我觀察到楊將軍經過其他榮民身旁時，即使並不熟識，也總是一一和他們微笑致意、關懷問候，對樓層的工作人員或接送的計程車司機非常禮貌而親切，聽到我要離開了，還會叮嚀我：「離開榮家時，記得要跟門口的警衛打聲招呼哦！」我原本覺得，善待朋友、家人是應該的，至於陌生人，保持禮貌的安全距離即可，也不免和一般人一樣，對於權威人士或長官，會多一些微笑、多一點用心。

然而，老將軍的叮嚀，讓我開始學習善待每一個人，特別是對待基層的工作人員。

我的生活因此有了幸福的轉變。等咖啡時不再滑手機，而是和煮咖啡的阿姨聊聊天，這使我的咖啡不僅好喝，打開杯蓋還有美麗的拉花迎接我；經過大樓服務台時，給警衛先生、櫃台小姐友善的微笑，這看似只是生活中的小插曲，但有一次假日要在大樓辦活動，平時熟識的合作單位沒來上班，需繳好幾百元的停車費，而由於平時主動釋出善意讓警衛對我有了好印象，所以願意為我蓋免費的停車章……

善待每一個人，微笑——其實是你隨時能送給對方，以及自己最美的禮物。

第二件事，努力看見別人的優點並給予肯定。

二〇一九年五月，楊老將軍突然罹患急性白血病，我們決定要為他辦一場生前告別式，讓他有機會聽見大家對他的肯定和感謝。邀請信函發出後，回函如雪片般飛來。這位老將軍，曾在赴美參加國際大會時，勇敢的站在簡陋的升降機上，衝上旗台掛上中華民國國旗，因此獲頒護旗勳章；他也在擔任播音總隊長時，盡力連結國際資源，克服了中央山脈的險阻，架起了全台廣播系統。

然而，親朋好友印象深刻、心心念念的，都不是這些豐功偉業，而是：一個一百八十公分高的將軍，在家中忙進忙出做著家事；當身材嬌小的太太說話時，他在一旁頻頻點頭；工作人員剛來榮家報到時，楊將軍親自到辦公室表達歡迎之意，處處肯定他們工作中的付出；常常正面鼓勵晚輩；女兒結婚時，他邀請女兒害羞的好友擔任司儀，給女兒的好友帶來自信。

楊將軍的生前告別式在醫院的安寧病房舉辦，有好多榮民伯伯拿著小國旗，大聲唱著軍歌，為他從病房到交誼廳的路上搭起了一條旗海通道。許多長者向他述說來到榮家後受到他的溫暖照顧，以及對他的感謝。而後在楊將軍的追思禮拜上，有四位將軍為他抬國旗，如此莊嚴隆重，就如同在電影中看到的畫面一般。

這麼一個光榮的將領，竟在他氣若游絲、非常不舒服的最後一段時日，用他僅有的微弱力量，握著我的手並對我說：「謝謝妳的傳承藝術，為我和楊媽媽在榮家的晚年，帶來了色彩。」然後將我的手放在胸口後，舉起右手跟我敬禮。楊將軍的風範，讓我理解到，追求成功並不能撼動別人的心靈，進而帶來改變。一個散發著香氣的生命，不在於他有多厲害、多有地位，而在於他能看見多少別人的優點、願意給予多少肯定。

第三件事，愛是讓對方綻放光芒。

在傳承藝術的團體中，曾聽過許多刻骨銘心的愛情故事，其中有一個讓我特別印象深刻：老羅與妻子婚後有四個孩子，生活雖清苦卻很幸福，然而，妻子在發現大腸癌末期後一年就離世了。妻子留下遺言要他再找一個伴，一起扶養孩子長大。

三年後，老羅認識了一個好女人，但由於對方家世背景很好，老羅覺得自己和她不僅門不當、戶不對，還帶著四個孩子，對方若嫁給他實在太辛苦了。就這樣，這位女子默默愛了老羅二十年，直到後來她心臟病需要開刀，由於手術成功的機率很低，她跟老羅說：「我們結婚吧，若手術不成功，我的財產就能留給你，讓你的生活有保障。」老羅不忍拒絕，最終還是答應了。

結果，手術意外的非常成功，兩人也終於結婚。婚後，老羅卻因糖尿病造成生活諸多不便，甚至幾乎失去視力。他的妻子不斷鼓勵他不要自暴自棄，積極接送他外出學習、擔任志工。當我們認識老羅時，他樂觀積極、幽默風趣，讓人以為他一直都是這個樣子，但老羅總是說：「我以前不是這樣的人，這一切都要感謝我太太，使我能勇敢面對疾病、過著積極的生活。」

有一個小故事是這樣的：一塊黃金與一塊泥巴相遇。黃金對泥巴說：「你看你，灰不溜丟的，你有我的閃亮光芒嗎？你有我高貴嗎？」泥巴搖搖頭說：「沒有。但是花草、樹木，人們的糧食，都從我而生。」金子聽了泥巴的話，一句話也說不出口。

在愛與被愛的關係中，我們很容易陷入比較，比較誰比較優秀？誰配得上誰？比較彼此的付出是否公平？我是不是最重要？然而，愛的關係中本就不在於看見自己有多好，而在於能否為對方創造價值。經過歲月的歷練，我看見一種愛，是讓被愛的人綻放光芒，在愛中堅持不懈的為對方付出，使對方能在愛中認真努力的活著，如同美麗的花從泥土養育而出並綻放芬芳。

第四件事，要珍惜父母，抓緊與他們相處的機會。

在服務長者的過程中，我們常會聊到「你想念的人是誰？感謝的人是誰？」這個主題，而讓我驚訝的是，長者最思念的往往不是最好的朋友、也不是愛人，而是他們的父母。長者常會說起自己的父母是如何噓寒問暖的，在他們生病時如何照顧他們，他們總是很想念媽媽的拿手菜，還有爸爸溫暖厚實的大手。

有位長者讓我感到非常震撼；九十多歲的馬奶奶，她有點不苟言笑，寫字、創作都很謹慎，卻在聊起「過年」這個話題時，回憶起十三歲那年的除夕夜，她的父親被共產黨抓走了，她一邊說一邊掉下眼淚：「我很想念我的父親。」

當時我心想：十三歲時的馬奶奶，在八十年後，依然如此思念自己的父親，這是一份怎麼樣的心情啊？直到後來，我看到愈來愈多長者在說起父母時，常會流下思念的眼淚，並且說：「父母是世界上最愛我的人。」我才理解到，這是經過歲月的洗禮才能體會到的。在年輕時就有機會看到老人家珍貴的眼淚，是上帝賜予我的一份厚禮。

忙碌的我們總是將時間花在網路與手機上，花時間陪伴朋友、追求更多的成就，卻吝嗇於將時間用來陪伴最愛我們的父母，平時難得跟他們說說話、為他們盡一點心力。長者教會我，人生不要有遺憾，要珍惜父母，抓緊與他們相處的機會，因為到了年老時，最想念的還是父母。

哈佛大學曾於一九三八年開始進行一個跨越了八十多年的縱貫性研究，證實人類幸福感的來源，不是金錢、不是健康，而是持續而美好的社會互動。這與我多年來在長者身上的學習是一樣的。歷經了八十年、九十年的人生歷練，讓人津津樂道的，都不是時下年輕人所追逐的潮流或榮耀，而是困境中幫助他們的那雙手、年復一年的彼此陪伴，以及真心賞識、真誠讚美，所激發出的生命力量。這些長者或許並沒有影響一個時代的大成就，但都在與他們相識的人的生命中發揮了影響力。

「擁有影響力」是許多人心中共同的渴望，希望為我們所存在的世界帶來正面的影響力，使我們的存在更加有意義。然而，在對世界帶來影響之前，我們必須先影響我們身邊的人；盡力對每個人表達善意，看見並肯定對方的優點；堅定的付出愛，努力讓人們綻放光芒，並且，珍惜愛我們的每一個人。當我們在生活中散發出這股生命的香氣時，影響力自然能蔓延並遍及我們所到之處，不需要比別人有能力、有才智，需要的僅是一份願意去愛的心。

感謝江明璇、彭恩寧兩位藝術社工師在累積多年的第一線服務經驗之後，和我一起共同撰寫一系列關於「優質關係」的文章，並在親子天下的邀請下編寫成你手中的這本書。隨著本書所設計的章節、小練習來進行，期盼這本書能陪伴你重新梳理與自己、與他人、與過去以及現在的關係，引動你潛在那股在「優質關係」中觸動人心的影響力。

目錄

第三章 愛自己進階課

前言

學習互動的新方式，重新體會生活中的幸福

猶記得國中準備聯考時，每天都覺得自己身陷水深火熱之中，「人生中最黑暗又辛苦的時期，莫過於此吧！」十來歲的我內心這樣吶喊著。隨著時間推移，大學畢業後，白天上班、晚上談戀愛，每週去教會三天，不時與不同求學階段的朋友見面、維繫感情……不僅時間不夠用，荷包也不太夠用。直到進入婚姻、養兒育女，生活中要顧及的關係愈來愈複雜，每天也因為育兒、半夜餵奶、維持工作、打點家務……等生活大小事筋疲力盡，才知道年少求學時，只需要念書，是人生再也難以擁有的單純幸福時光。

如今，孩子漸長、事業起步、父母年老，從不曾想過自己可以在早晨的三個不同時段，準備三份不同內容的早餐。而每天在送孩子上學，接著上班、拜訪客戶、授課的路途中奔波，不僅要適應青春期孩子的外星人行為，也要學

習如何與進入老年時期的祖父母及父母相處。然而，其中最重要卻也最難經營的，不是上述這些，也不是手中的工作，而是不斷前進，卻又似乎原地踏步的婚姻生活。

這是否也是你生活的寫照？

在我的藝術助人工作中，時常接觸跟我年齡相仿、在壓力中匍匐前進的人們，時間久了，也漸漸發現幾個典型的樣態。

鴨子划水型：外人看起來光鮮亮麗、遊刃有餘，如同水面上優雅的鴨子，但實際上在生活中忙進忙出、灰頭土臉，如同鴨子在水面下不斷前後滑動的雙腳，自己的身體甚至因長期的壓力和疲累而出現狀況。

蓬頭垢面型：事情不斷增加，要完成堆積如山的待辦事項已難上加難，沒時間、加上外出約會交際也很麻煩，外型往往被放到待辦事項的最後一項，隨意穿個居家服、紮個馬尾或是披頭散髮就出門，只要快速、方便行動就好。

無微不至、要求完美型：希望把每件事都做到最好，盡心照顧每一個家人，即使連睡覺的時間都不夠，甚至長期腰痠背痛，還是堅持住家要一塵不染、工作要使命必達。事情按照進度、按表操課，大事小事都攬在身上。

忿忿不平、怨念滔天型：不僅壓力因諸多責任而滿溢，對於身旁不給力、光說不練的「豬隊友」，更是無力又無奈。雖然心中無限次怒吼：「為什麼永遠都是我！」卻只能繼續承擔生活中不斷堆疊的事件。漸漸的，一點小事就容易引爆地雷，對於他人的話語，也容易負面解讀，說話時語帶酸氣。

捨我其誰型：在許多人爭相討論「責任分工」的同時，會因為自己是長子或長女、住得離父母最近、對媳婦的角色認知等，而打從心底抱著「這是我的責任」，或是「只有我才能提供最好的照顧，其他人都不行」的這些想法。

或許你在這幾種典型中稍微看到一些自己的影子，也或許你正經歷一段獨特且難有人了解的生命歷程。然而，不論你忙碌的行程表有多麼擁擠、心中要承載的壓力有多麼沉重，有一個不變的事實，那就是——我們都需要從「美好而優質的人際互動」中感受到幸福，而這些小小的幸福時刻，也成為我們能夠完成人生階段使命的重要動力。

在接下來的第一個章節「長情的告白」中，你將隨著一個個長者的故事，重新體會善待每段關係、讚美與肯定對方，以及在愛中點亮生命的那份幸福，甚至因此找到動力，跟生活中難以相處的那個「他」重建美好的互動。

此外，當生活中有許多「事件」需要處理時，我們通常都會優先將時間用在應對這些事件上，例如：完成工作中即將到期的任務、精算家中的經濟負擔、帶父母或孩子看醫生，甚至是與主管、同事、學校老師溝通……等，直到某一天發現鏡中的自己眼中沒有了笑意、和配偶或孩子衝突不斷時，才意識到自己的心理和情緒似乎失去了平衡，與生活中重要他人的關係也需要重新彼此定位與找到默契。

如果，這正是你最近的心境，那麼，在繼續閱讀本書之前，邀請你拿一枝好寫的筆，找一段不被打擾、心情安適的時間，跟隨書中的章節進行一些小練習吧！讓我們多一些會心一笑的對望時刻，因著珍惜身旁的人們而認真學習與他們互動的新方式，即使壓力依然破表，但幸福亦會隨之而來。（文／康思云）

第一章

長情的告白

一輩子的愛，有多長？

二〇〇八年在新竹榮家帶傳承藝術團體時，一對神仙眷侶讓我印象深刻，他們是八十多歲的楊伯與楊媽，兩位老人家總是手牽著手來參加團體、手牽著手回家。

楊媽每天下午四點需要打針，團體每進行到三點四十五分左右，楊伯就會著急看錶，並禮貌表示要帶楊媽打針了。大夥都很羨慕楊媽有一個如此體貼的丈夫，特別當楊伯提及還會幫楊媽洗頭時，更是羨煞在場的已婚婦女。慢慢地，透過傳承藝術的分享我們才知道，楊伯年輕時在軍中身居要職，很少待在家裡，楊媽不僅「假性單親」的扶養三個孩子，還獨自照顧楊伯的父親。

楊媽有次在團體中無奈地說：「有一次楊伯工作過勞病倒住院了，正好兒子也生病住進同一間醫院，楊伯可以出院時，居然直接回到工作崗位，連續去看一下兒子都沒有空！」楊伯笑著應道：「所以我現在要好好補償她。」談到年輕時最快樂的一刻，楊伯說：「她答應嫁給我的那一刻，我漂泊的人生終於有了定點。」

談到世界末日前夕的願望，楊伯說：「我要和她手牽手步入天堂。」談到這一生最想感謝的人，楊伯說：「我要感謝我的太太，撐起我們的家。」

每當我聽見婚禮中「我願意」的誓言時，都不禁想，「愛你一輩子」這個承諾有多重？這個一輩子有多長？

詩經中寫到：「執子之手，與子偕老。」婚姻裡總有許多不為人知的辛酸和犧牲，能共同牽手到老，不是因為沒有風雨和辛苦，而是因為在每一次擦乾眼淚後，都再次決定要繼續牽手走下去，才有機會跨越年輕時的辛苦，享受年老時的甜蜜果實。

這場團體在二〇〇九年結束後，每年我們都回新竹榮家，與楊伯和楊媽共度新年。看著原本身子硬挺的楊伯，陪著楊媽經歷了洗腎、住進養護區的歷程，漸漸的自己也需要助行器輔助行走，然而，他還是堅持每天清晨五點準時起床，到養護區陪伴楊媽，直到她就寢，再回到自己住的地方。

二〇一八年初，楊媽無預警住進加護病房，靠著呼吸器維持生命，非常辛苦。楊伯終於含著淚，為楊媽做了拿掉呼吸器的決定，他跟我說：「這是我最後該為她做的事，是我的責任。」楊媽在家人的圍繞下，帶著笑容平靜地離開了。

楊伯與楊媽用自己的一生見證了「愛你一輩子」不是神話，而是在每一次的辛苦和承擔中，決定繼續珍愛對方的每一個當下。（文／康思云）

每個選擇，都是盡了最大努力的決定

在傳承藝術團體帶領中，有一個主題常引發熱烈的討論，叫做「如果我有時光機」。看過經典卡通「哆啦A夢」的朋友大概都會記得，大雄抽屜裡的時光機，可以穿越時空回到過去或去到未來。談論這個主題時，我會詢問參與成員：「如果你有時光機，你想回到幾歲時？想告訴當時的自己什麼？想改變什麼決定？」有時也會朝另一個方向討論：「如果你有時光機，你想去看看未來的什麼時候？想知道什麼？想看看誰？」

許多熟齡朋友都會說到，年輕時對科系或工作的選擇，如果有機會再做一次決定，會想嘗試走一條不同的路。有些人說起的是一段如電影般的情節，希望當初有機會說再見，有些人則希望當時不要嘔氣，能夠有機會和好。曾經有一位老先生的答案讓我印象深刻；他患有失智症，很直接的回答：「我要回到二十歲時，不要省吃儉用存錢娶老婆，要去青樓玩一趟。」更深入訪談他的故事，才得知他是個「妻管嚴」，一輩子認真踏實的經營一間照相館，直到老年失智住進了護理之家。團體帶領那天，老先生在雜誌上找了好多身材姣好的女郎照片，在畫作中包圍得意洋洋的他。

隔兩週，老先生在「人生中閃閃發光的時刻」這個主題中，用玻璃彩繪畫出了結婚的那一天——穿著婚紗的幸福老婆與帥氣的他。對於婚禮的細節，他娓娓道來，言談中非常珍惜與太太五十多年的婚姻生活，覺得是人生最幸福的相遇。我不禁想，這位老先生到底是後悔結婚、一輩子沒玩到？或是覺得自己娶對了人，成就了完滿的一生？還是，在滿足與後悔間，不時擺盪著？

人生，是一連串決定的組合，小從一杯咖啡要不要加糖的決定，大到是否要結婚等關乎一生的決定。面對大決定時，我們總是思前想後，做了決定後，又忐忑決定是否正確。然而，人生總是有做錯決定的時候。我們都知道「千金難買早知道」，卻又不免懊悔不已。

美國著名投資家巴菲特曾說：「商場上要做出好決定，來自於認清之前做過的差勁決定，以及它們差勁的原因。」在商場上如此，在人生中亦然。我們依照過去的經驗做決定，即便曾有失敗的經驗，也使我們能從失敗中學習。在沒有經驗值可供參考的時候，我們會盡力蒐集資訊、預想一切可能，做出看起來最好的決定。

雖然沒有一個公式或方法，可以保證我們不會後悔，但與其眼巴巴的盯著結果，不如回顧整個做決定的歷程——其中最難能可貴的，其實是這個做決定者，盡其所能考量牽涉在其中的人們，由於想顧全各個面向，而選擇出的最佳方案。

下一次，當有朋友因為做錯決定後悔不已時，除了告訴他「失敗為成功之母」外，不妨試著跟他說：「你最值得肯定的一點，就是為了做出正確決定，而盡了最大的努力！」（文／康思云）

讓其他人的生命因你而有所不同，
才是真正的有所作為。

——知名經濟學家約瑟夫．熊彼特（Joseph Alois Schumpeter）

你的生命價值，來自與人分享

每一次的同學會，總是激盪著大家的回憶，七嘴八舌談起過去班上發生過的經典事件，更免不了考驗大家記憶力：學號與姓名配對，最後大家還會更新近況，從一號同學到最後一號。其中最有趣的，莫過於聽到他人談起，那時對自己的看法與形容，過去不敢說的，等到現在才說出來，反而更有一番不同感受——原來，他人記憶中的我，是這個模樣！

知名經濟學家熊彼特在三十歲時，已出版兩本經濟學論著，三十歲的他曾表示，希望後人談起他時，會記得他是歐洲最偉大的情聖、最偉大的騎師，或許也是全球最偉大的經濟學家。過了三十年後，管理學之父彼得．杜拉克（Peter Ferdinand Drucker）與父親再次拜訪熊彼特，那時六十六歲的熊彼特在哈佛大學教書，並且兼任美國經濟學會會長。

杜拉克的父親再次問熊彼特：「現在的你，會希望別人怎麼記得你？」熊彼特哈哈大笑後說道：「現在的我，希望以後別人記得的是——我是一位幫助許多學生成為一流經濟學家的老師。」他接著又說：「到了這個年齡我才漸漸體會到，能讓其他人的生命因你而有所不同，才是真正的有所作為；這不是單單讓人記得你的著作或理論能做到的事。」

什麼是真正的離開與消逝？什麼又是真正的流傳與記得？在我的工作中，常會傾聽長者分享他們的生命故事，並協助他們透過藝術，將故事創作出來。曾經有一位奶奶，在創作時畫下她珍藏數十年的腳踏式風琴，因為她希望將這風琴致贈給音樂教室，讓風琴的悠揚琴聲，在她離開後依然能繼續迴盪。而到最後，她也真的達成了這個心願。那一天，音樂教室的主任特地帶著孩子們來到了奶奶的住處，看著孩子們環繞著她演奏樂曲表達感謝，奶奶泛著淚光，但止不住的微笑，她拉著我的手說：「能帶給別人祝福，就是人生最有意義的事情。」

「人生的意義，就在於有意義的人生。」作家羅勃特・伯恩（Robert Byrne）如是說道。什麼是有意義的人生？不是賺了多少錢、有幾部名車、有幾棟房子。當我詢問我所服務的長者，他們最希望被子女記得的是什麼？最希望傳承什麼給子女？他們的答案常是：「我希望他們能記得我的是：誠實、正直、勤奮，還有，我很愛他們！我也希望他們能把這美好的品德傳遞下去。」

當你被人談論起時，你希望讓人想起自己的是什麼？而又會是透過什麼方式來想念你呢？那位捐贈風琴的奶奶，之後在看到某育幼院艱困的景況後，再次提出想要將手邊的珠寶、首飾捐給該育幼院的想法。我陪著她，從聯繫育幼院院長，到一一整理珠寶、首飾，並取得子女們一致的支持，最後奶奶順利完成心願，把寶貝們致贈給育幼院。奶奶說，她能給予的不多，但希望她所付出的，能帶給這群孩子們實際的幫助。

進行這件事的同時，奶奶也逐步將她的生命故事，以藝術創作的方式製作完成，並且取名為「思い出」（想起）。她希望當晚輩想念她時，可以透過閱讀她親手製作的書來回憶，並且記住施比受更為有福，能代替她繼續把愛傳遞給需要的人。

奶奶撫著她的書，滿意的笑說：「想說的都說了，該交代的都交代了，這樣我就放心了！」雙手攤開，把擁有的美好與人分享，當生命在被好好傾聽後，得到妥善的書寫整理，那樣的滿足與快樂，是金錢無法取代的意義。

活出生命的價值，是傳遞信念的最好方法。而手邊的紙筆，則是你是最忠實的記錄夥伴。書寫吧！創作吧！願你在揮筆聲中，看見不一樣的自己，找到前進的力量，邁向更精采的人生階段。（文／彭恩寧）

你一直都在，因為你住在我心裡

雨，綿延不絕下著，時而滴滴答答，時而淅瀝聲不絕於耳，下得讓人心煩、心傷。平常不愛聽歌，也不愛唱歌的他，點了一首叫〈一支小雨傘〉的歌。他說，這首是他跟太太下雨時的回憶。

下雨天共撐一把傘，在雨中散步時邊走邊唱，即使一把傘兩個人撐，會各濕了一半的袖子，但在傘下的並肩依偎，襯著細雨與寒風，更顯得溫暖。「自從她過世後，即使下雨，我也不再撐傘。」一個人撐傘太傷心，他，索性戴上帽子，不撐傘了。

另外一把傘的故事，則有所不同。「這把傘已經用了三十幾年了，要記得還我喔！」每次借那把傘時，她都會特別叮囑著。那是一把有著綠色棕櫚葉印花的直傘，傘的支柱是木頭色的，襯著墨綠色的傘柄，搭配起來別有一種夏日風情。

一直以為是因為傘的價值與美觀，所以她才如此在意著。直到有一天下雨，與她分別撐著傘，聽聞她愛憐的看著這把傘說：「這傘，是他唯一會撐的傘。」

原來是她和他曾一起旅居國外，那段日子不常下雨，但如果一下雨，他就會撐起這把傘。每當撐起這把傘，兩人一起在傘下的點點滴滴就再度湧現。如今一個人撐著傘，也能回味兩個人的美好時光。

傘，諧音散，常會因為諧音而無法成為禮品。而我卻看到，傘其實不是散，反而是聚，讓彼此相愛的兩個人，因下雨撐起傘而再次相聚。他，在雨中戴起帽子淋著雨思念她；她，在雨中用撐起的傘想念他。每個人都用不同的方式，回憶著所愛的人。有時候想著想著，哭了，有時候念著念著，笑了，淚中帶笑，是因為當失去的同時，也代表著我們曾擁有過。

「如果一個人是住在另外一個人的心裡，那就代表他還活著。」歌手林志炫以這句話總結他對母親的思念。雖然所愛的人不在了，但與那人一起共築的回憶不會離開。淅瀝瀝的雨，又開始下了，這一刻，你是否想起了誰？（文／彭恩寧）

及時道愛、道謝、道歉與道別

這是在榮民之家，發生在綽號「小榮民」爺爺身上的真實故事。爺爺操著一口四川腔國語，臉上帶著笑容，但與人對話互動時總是充滿著火藥味。「憤世嫉俗」是同住的伯伯們，對小榮民爺爺的形容。他對什麼事都能不滿意，對什麼事都有意見，無論站在何種立場給予建議，他總是能用相左的意見來回應你。

當我到榮民之家帶領傳承藝術團體時，小榮民爺爺是團體中的成員之一。在第一次、第二次的團體中，總覺得他似乎不是那麼喜歡參加團體，在訪談時對人總帶著防備，讓人感覺無法進入他的內心，或是好像要說什麼了，卻又戛然止步，不再願意往前走一步。這樣的情況持續好一陣子，直到有一回團體主題是分享「生命中感謝的人」，小榮民爺爺才開始出現轉變，幅度之大令人驚訝。

在小榮民爺爺分享的過程中，淚水從他的臉上不斷地滑落，道歉和感謝的話語也從口中不斷渲洩出來。

我們這才知道，原來，他一直無法坦然將心中對人的關心與喜歡表達出來，是因為有一次和太太為了一件雞毛蒜皮的事爭吵，當下太太負氣出門工作，卻在途中出車禍受了重傷，送到醫院急診，在加護病房幾天後便離開人世。這突發的意外與衝擊，讓小榮民爺爺心中深深的歉意，因著太太的驟然離世，再也沒有說出口的機會，就這樣一直糾結在心中，使他對人無法坦然表達他的情感與關心。

由於有了一個能夠彼此分享、包容、體諒的團體，讓小榮民爺爺有機會能分享他生命中的重大缺憾，進而釋放心中積藏已久的遺憾和愧疚，開始能自然且自在的表達對人的關懷和熱情。一同參與團體的其他成員，在聆聽如此刻骨銘心的故事之後，也對小榮民爺爺的憤世嫉俗有了理解和體諒，對目前生活中長伴左右的親友，也懂得更加珍惜並學習彼此包容。

常聽人說：愛要及時說出口，也要勇於道歉，千萬不要只是放在心裡，或是吝於表達。但人們往往總是要到人生的盡頭時才說出口，讓聽的人沒有機會回應更多，也讓說出口的人失去了表達之後能體會到的改變，著實可惜。

你想到要跟誰說愛了嗎？告訴對方你的喜愛，讓對方有機會與你建立更深刻的關係。你想向誰道謝呢？告訴對方你的感謝之意，讓對方能從你的感謝中建立自信、找到自我的價值。有什麼樣的人、事、物是你想要道歉卻一直說不出口的呢？讓你的道歉使誤會有解開的機會，使雙方盡釋前嫌、重歸於好。如何與人好好的道別、與人和平分手，需要智慧。無故的消失，會讓人留下疑問與不解；決裂式的分開，會讓雙方傷痕累累。

在與人互動的每個過程與環節裡，透過道愛、道謝、道歉和道別這四道人生課題，學會欣賞、讚賞、感謝與放下，讓自己的身、心、靈達到安好的狀況，與他人之間的互動關係也能更加圓滿。特別是對你來說十分重要的人，更要及時道愛、道謝、道歉與道別，因為他們很重要，值得我們花心思來對待。（文／江明璇）

生命中的灰塵隨時能甩開

運用藝術陪伴長者的過程中，常會聽見辛酸而艱困的故事，有些故事甚至苦到無法被提起，因為連說出故事的過程就是一種煎熬。

春嬌奶奶在日照中心裡總是沉默寡言、很少與人互動，她的神情和眼神總是透著一抹退縮，一開始參與傳承藝術團體時，在述說自己故事時也十分保留。直到六次團體課程之後，春嬌奶奶才終於漸漸打開心房，說出深埋在心中的往事。

少女時期的她有著姣好的臉蛋、開朗的性格，卻被登徒子侵犯，不幸懷了加害者的孩子。在那個保守的年代，她只好嫁給這位好賭成性的施暴者，接連生了四個孩子，然而先生不僅沒有幫忙養育子女，還常常欠了賭債回家要錢，更在壯年時就過世，留下四個嗷嗷待哺的子女。

由於擔心改嫁後，孩子們在新的家庭不會被善待，春嬌奶奶一輩子守寡，靠著幫別人洗衣服將四個孩子扶養長大。

那次團體我們進行的主題是「拼貼」，運用各種顏色、花色的紙材來呈現長者的故事。這麼辛苦又不堪的過往，該用什麼畫面呈現？拼貼出這樣的過往，對春嬌奶奶的意義又是什麼？

有這麼一個農夫與老驢子的寓言故事。一天，農夫的老驢子不小心掉進了一口枯井，農夫想了許多方法，都無法幫助老驢子從枯井跳出，幾個小時過去，老驢子無望地在枯井裡哀鳴著。

最後，農夫決定放棄了，為了減輕老驢子的痛苦，找來左鄰右舍幫忙，一起將老驢子在井裡埋了。他們開始鏟土往枯井送，老驢子被塵土打在身上，不僅疼痛，更因自己無望的處境大聲哀號，嘗試掙扎並抖動身體。

老驢子意外發現，牠從背上甩下的土，可以踩在牠腳下，漸漸的，老驢子安靜下來，重複這個甩土的動作，時間愈久，牠愈往井口靠近了。就這樣，農夫和鄰居們合力繼續將土鏟進井中，老驢子則努力持續將泥土全數甩落，用力踩踏上去。終於，老驢子跳出枯井，重獲自由。

人生總有許多遺憾、失望、錯誤、委屈，甚至是背叛、傷害……如同塵土般落在我們的身上。困在過往回憶中的我們，好似困在狹窄的枯井中，不知如何脫離這個處境。然而，我們需要的是第一次「甩落塵土」的勇氣，這一步能使我們不再對人生絕望，能發現自己的未來還有不同的可能。

陪伴春嬌奶奶的藝術夥伴，嘗試用不同的角度觀看她的人生，並告訴春嬌奶奶：「奶奶，我好佩服您，為了孩子經歷過那麼多的艱辛，一輩子都沒有改嫁。我覺得應該頒一個『貞潔牌坊』給您。」

春嬌奶奶聽了好驚訝，一直以來，大家都同情她的遭遇，卻沒有人以一位英雄來看待她。創作拼貼時，春嬌奶奶和藝術夥伴一起選了一張石頭般材質的紙，在上面寫了「貞節牌坊」四個字，貼在作品的正中央。那一天，春嬌奶奶抬起了臉，雙眼綻放出欣喜的光芒，靦腆的笑容彷彿在述說著「我重新定義了自己的人生」。

人生很難因一次正向的經驗就完全翻轉，然而，讓我們為自己、為旁人創造一次次「甩開塵土」的經驗，只要堅持下去，總有一天我們會發現，自己早已掙脫了限制，站在藍天下，更自由奔放地面對未來。（文／康思云）

就算失智，但你的愛依然在我心裡

話不多、很客氣是大家對她的第一印象。不管問她什麼事，她都回答得簡短，笑得靦腆。她是傳承藝術團體中，一位患有失智症的奶奶。

奶奶喜歡唱歌，問她都在什麼時候唱，她說：「開心的時候。」「那不開心的時候呢？妳會做什麼？」我接著問。奶奶想了想說：「那就唱歌，唱歌就開心了！」奶奶一邊說一邊笑了起來，而我也因獲得「快樂秘訣」而與她相視而笑。

奶奶很特別，即便每次團體聊的主題都不同，但奶奶的回應始終都離不開她最愛的老公。她愛唱歌，所以老公每週都帶她去唱歌班，問她有沒有學什麼新歌？她搖搖頭說，忘了；問她都愛唱什麼歌，她想了想，然後輕輕的哼起歌來，那是鳳飛飛的名曲〈祝你幸福〉。

問奶奶老公帥嗎？她點點頭，高嗎？她再點點頭，體貼嗎？她繼續點頭。我們在她浮現幸福的害羞笑容中，拼拼湊湊，漸漸具體化奶奶的老公。「早上都是老公叫我起床，然後為我做早餐，早餐很豐富，有六到七個小菜，配一顆白煮蛋，搭配著粥，午餐也是老公煮的。而我最喜歡吃他做的紅燒牛肉麵。」陪伴奶奶的志工夥伴在訪談後為奶奶整理出這一段話，奶奶邊聽邊微笑著。

我說：「哎呀！好想要認識妳的老公啊！」團體中的夥伴們也紛紛附和著，想要看看這位如此寵愛太太的紳士。上帝很幽默，在因緣際會中，於某一天團體結束時，竟然是由奶奶的老公來接她！我趕緊抓住機會告訴他，奶奶在團體中是如何形容他。

他哈哈大笑說：「她說的都是真的啊！我現在每天四點起來打網球，兩個小時打完後，再回家做早餐。」看著我露出不可思議的樣子，他笑著繼續說：「就是要這樣才能維持身體健康，也才能好好照顧她呀！你看我現在都八十好幾了，可是看不出來吧！」

他說還有人猜他才六十歲呢！而今天的他，為了讓太太能參加團體，欣然向自己原本的活動請假，只希望太太能多交點朋友，多參與一些活動，讓心情好一點。從他們相見到分開，他始終牽著她的手，而她始終微笑著聽他說。

身體硬朗的他面對著漸漸退化的愛人，想必也是經歷過許多未說出口的衝擊與辛苦。看著他們牽著手離去的背影，我明白了，年輕時親口許下的承諾——白頭偕老，是要一輩子用愛來實踐。「從今以後，無論是好是壞，是富貴是貧賤，是健康是疾病，是成功是失敗，我都會永遠愛你。」或許她失智了，但他對她的愛，早已深深烙印在她心坎裡。

或許，很多事情都忘了，但她仍清楚的感受到丈夫對自己的愛，依然真摯，而且更厚實。

送你一份愛的禮物，我祝你幸福
不論你在何時、或是在何處

莫忘了我的祝福
人生的旅途有甘有苦，要有堅強意志
發揮你的智慧，留下你的汗珠
創造你的幸福

在充滿甘苦的人生中，他發揮智慧、留下汗珠，努力的創造他們的幸福；這一份愛的禮物，跨越疾病，她牢牢地記著，沒有一刻忘記。（文／彭恩寧）

俠女藍奶奶與貴婦綠奶奶

求學時期，到宿舍報到的第一天，心中最忐忑的莫過於：「不知道我的室友如何？」因為這些室友，短則共住一學期，長則三、四年，談得來則成為莫逆之交，處不好則每天都彷彿是人間煉獄……同樣的焦慮，也存在於住進照顧機構的長者心中。來自不同地區、不同背景，因不同原因住進機構的長者們，是否能享受室友的友誼？還是因為彼此不對盤，而更添失落與悲傷？

藍奶奶與綠奶奶同住一間寢室多年，但由於語言不通、政黨不同，幾乎不跟對方說話，唯一對話的機會，就是爭吵房間那台電視要看哪一台，兩位奶奶都想看政論節目，但頻道的喜好自有不同。初次來到傳承藝術團體時，工作人員特別把兩位奶奶安排在斜對角，既不會直視到對方，也不太需要對話，身為團體帶領者的我，默默地感受到潛藏的暗流。

第一次團體，我們談「別人怎麼稱讚我」，意外地發現兩位奶奶其實有些相似。藍奶奶過去住在眷村，看到階級較低的鄰居，家中又養了許多孩子，只夠吃、不夠穿，就自己買布做衣服給他們。討厭的官夫人要拿錢給她做衣服，她直接拒絕：「我不要妳的臭錢！」朋友都稱讚她是好打抱不平的俠女。

綠奶奶喜歡幫忙朋友，不管出錢出力都很阿莎力，過去常借錢給朋友周轉。現在怨嘆因太胖造成身體不舒服，照顧的人也累。團體過程中，有一對一的藝術夥伴幫兩位奶奶翻譯對方的語言，聽到對方的故事後，她們彷彿對彼此開始有了不同的評價。

隨著傳承藝術團體活動進行，逐步聊到第一個孩子、孩子的出生、婚姻、好友……等主題，每每聽著對方的故事，兩位奶奶就更深一層體會到彼此在同一個時代，卻有著截然不同的經歷，對對方有了更多的理解與接納。

綠奶奶的長子是在南京西路的婦產科接生的，生孩子時有公婆和朋友陪伴，住在一等病房，生孩子那天，家裡的商店中了二十萬，公公說：「生這個男孩，比中二十萬更高興！」綠奶奶在創作時特別為小寶寶做了很漂亮的包巾，還有五彩的搖籃，這是個含著金湯匙長大的孩子。藍奶奶的長子則是出生在越南的荒島上，那天不被台灣接收的這群難民，選擇了在聖誕節當天絕食抗議，希望引起聯合國的重視，因為兒子在絕食抗議那天出生，因此有人叫他「自由」。當時荒島上物資缺乏，孩子都穿著開襠褲，沒有包巾可以包。

聊到黑色與白色的聯想，綠奶奶想到年輕時經營家族旅館生意，喜歡穿著顯瘦的黑色套裝與窄裙，習慣在百貨公司或舶來品店治裝。藍奶奶則想起結婚時沒有穿白紗，穿的是一套金黃色的旗袍，布料是織錦緞，上面織著牡丹花的線條。

聊到結婚，綠奶奶是從飯店迎娶，六輛黑頭轎車當禮車，當時的市長當貴賓，宴請五十桌酒席，共舉行兩天。她與先生婚前未曾見過面，婚姻是由爸爸與公公口頭說定的。藍奶奶則是在十九歲時，因政局不穩，擔心共產黨打來未婚男女會被胡亂婚配，因此與先生在河北保定舅舅家完成婚禮，一切從簡，父母沒能參與，也沒有宴客。結婚後一年之中都在逃難，走路走到腳都爛掉了。

聊到難忘的地方，綠奶奶想起年輕時到東京做中日飯店交流聯誼，每間飯店都穿著自己的制服，乘坐電車的印象非常深刻。藍奶奶則想起家鄉河北保定的蓮花池，有碑林、楊柳樹、青斗石鋪設而成的步道、欄杆，還有圖書館。兒時爬假山、鑽山洞的美好時光歷歷在目。

說起懷念的朋友，綠奶奶說起少女時期的玩伴嫁到宜蘭，她去拜訪閨蜜時，對方招待她住五朵花的高級飯店、洗溫泉、買名產；藍奶奶則憶起眷村的鄰居，常穿著一身紫紅色帶有暗色花紋的旗袍，很喜歡小孩卻多年無法懷孕，好不容易懷孕卻是子宮外孕的往事。

由綠奶奶所分享的故事中，我們得知她是個千金小姐，嫁給旅館大亨的兒子，一生過著富裕的生活。然而，老年時期的身體病痛消磨她的心志，手部的攣縮與身體的疼痛，使她拒絕參與活動，也總是哀嘆過去的幸福更顯得現在的不幸。藍奶奶十來歲便經歷戰亂，輾轉逃難來到台灣，在眷村中過著清苦的日子。然而，也因為這些磨難，造就了她開朗大器的態度，雖然患有失智症，卻在傳承藝術團體中展現高度的自性與創造力。

兩位奶奶共同參與傳承藝術團體四次之後，藍奶奶開始跟其他團體成員一起鼓勵綠奶奶：「在身體這樣的狀況下，仍然努力的過每一天的生活，妳很勇敢。妳選擇去面對生命中的挫折，沒有逃避，真的很勇敢。」為了她的轉變而歡呼。

第五次團體時，適逢總統選戰剛過，兩位奶奶所支持的政黨有輸有贏，她們卻能為對方能克服萬難順利投票而感到高興。接著，兩位奶奶開始在之後的團體中欣賞對方的創作，給予讚美和肯定。

在第十次團體時，適逢母親節，大家聊起對媽媽的感恩。綠奶奶第一次說出結婚前的秘密，其實當時她有一位很喜愛且在交往的對象，但父親要她與門當戶對的丈夫結婚，媽媽為了她的婚姻和爸爸大吵一架。雖然後來仍遵從父親的意願出嫁，但媽媽疼惜她的那份情感，她一直感念在心。

藍奶奶則說起母親是個思想開放、樂於分享又慷慨的女性，民國二十六年盧溝橋事變，媽媽雇挑夫挑著她與家當逃出城，才保住了藍奶奶的生命。藍奶奶聽了綠奶奶的故事，感受到她婚姻之事無法自己做主的無奈，也佩服她嫁入夫家後用心協助丈夫發展事業的雄心。綠奶奶則表示藍奶奶和她母親一樣，是一個令人佩服的俠女。兩位奶奶也在談起母親的拿手菜時，跨越語言有了熱烈的互動與討論，對彼此的作品更是欣賞有加。

傳承藝術最後兩次團體，聊到「我的手」這個主題，意外的發現藍奶奶和綠奶奶有一個超級大的共同點——喜愛裁縫。綠奶奶在求學時期即愛上裁縫，還幫妹妹做過一套漂亮又合身的衣裙，老師在全班同學面前對她讚譽有加。藍奶奶則擅長湘繡，刺過蔣宋美齡的字，還與七、八個人一起用一個月的時間刺了一幅八仙過海，負責臉部的繡工。

兩位奶奶每次的創作都展現出截然不同的風格，唯獨在最後一件作品，展現出高度的相似性，兩個人都穿著自己創作的衣服，開心得笑了。更令人驚喜的是，藍奶奶在最後一次團體，不僅將遊戲贏得的茶葉蛋分享給綠奶奶，還主動為她剝了蛋殼，邊剝邊說：「因為她手不方便嘛！」

長者在身體、心理相繼經歷失落的狀況下住進機構，加上背景和經驗的不同，非常小的事情就可能造成對彼此的誤解和厭惡，然而，要化解這些誤會，卻需要長時間的經營和專業的服務介入。藍奶奶與綠奶奶，因為照顧機構看重長者心理健康及社會互動的理念，運用三個月的時間進行了十三次團體，使兩位奶奶盡棄前嫌、成為互相欣賞與扶持的好友，相信這當中的價值與喜悅，是金錢無法衡量的。（文／康思云）

最不可愛的人，最需要愛

每當有人這樣問我：為什麼家中的長輩，總是同一件往事無限重播，而且偏偏都是不開心的事，弄得聽的人愈聽愈心煩？遇到這種狀況，到底應該怎麼處理？此時，我總會想起她……與她的每一次對話，都在家庭的種種問題裡打轉著。

她總是這樣開始：「彭小姐啊！我女兒都不打電話、也不來看我，我當初……」一疊疊整理好的收據，每一張都在訴說著變賣黃金來供應孩子們的需求。她一手拿著收據，一手捧著相本，指著相片裡孩子們的小臉，愛憐的說：「你看小時候多麼白白胖胖，好聽話、好可愛，現在怎麼變成這樣……」這一說，就至少是一個小時。因此，只要她一出現，大家都紛紛走避，擔心一個不注意，就會卡在她的抱怨裡，動彈不得。

對於她，我試過耐心的傾聽，結果卻讓自己陷入無止境的怨懟循環。試過與她一起想辦法，幫忙聯絡兒子傳達她對女兒的期待，卻一起被困在解不開的家庭枷鎖中。於是，帶著無可奈何與無能為力，我也開始加入走避的行列，深怕再次陷入她的情緒深淵。偏偏這一天，她直接搬了張椅子坐到我面前，帶著收據、帶著相本，硬生生的阻斷了我逃走的生路，口中再度播放出一樣的劇本。這一次，我看著她，任她的故事穿過耳際，我決定，把那抱怨的簾子掀起，試著探究藏在簾後的她。

我看見，一位努力的母親，在她的記憶裡，她含辛茹苦養育孩子，對孩子諄諄教誨，希望孩子成器。

我看見，一位挫折的母親，親子關係不但沒有達到她的期待，還朝著反方向走去。

我看見，一位傷心的母親，除了不斷的訴說，她不知道還能怎麼做，才能排解她的難過。

這位母親，只好帶著她的憂傷與憤慨，尋找同仇敵愾的同伴；無止境的訴說，是她唯一能排解怨懟的方法，卻不能真正治癒她心裡的空洞。

於是，我忽然懂了。聽完的隔一天，我寫了一張卡片，遞給她。她很詫異，臉上寫著困惑。但仍在滿腹疑惑中接受了卡片。再過一天，她看到我，原本我以為還會舊事重演，但她卻認真的看著我，說：「彭小姐，謝謝妳。其實，我沒有這麼好，但謝謝妳說我是這麼好。」她的語氣帶著堅定，她的眼神，散發出我未曾看過的平靜。

我在卡片中寫著：「謝謝妳願意和我分享妳的故事，從妳身上，我看到一位百般照顧孩子的母親，我體會到母親對孩子滿滿的愛。一輩子照顧別人的妳，一輩子奉獻愛的妳，辛苦了。也請記得好好照顧這個不斷付出的自己:)。」

當人最不可愛的時候，就是他們最需要被愛的時候。（文／彭恩寧）

用嗜好與擅長建立個人「品牌識別」

在您的親友圈中，是否有一位特別喜歡拍照的人？那個人總是不厭其煩地請你擺姿勢、笑一個、再拍一張。在用底片沖印的年代，還會耐心地按人頭將照片沖洗好、分好，再一份一份分送給大家；在數位攝影的現在，則會在LINE群組或臉書按主題分成一個個相簿，定期發文。

我的媽媽就是親友的御用攝影師。

家人相聚時，大夥常在談笑之餘，突然瞄見一個身影正在一旁拍照或攝影，若側拍效果不夠理想，她會要求我們重複某一些動作或表情，好留下精采的一瞬間。家人常會開玩笑說：「哎喲，這個也要拍，那個也要拍，到底有什麼好拍的啊？」或是說：「到底要拍幾張啊？」話雖如此，我卻觀察到一個有趣的現象，雖然大家「人手一機」，隨手都可拍，但需要拍照時，總會呼喚媽媽負責攝影，如果媽媽的手機正好沒電或來得太晚，還會被投以「妳失職嘍」的眼光。想要找某年某月某天的某張照片，也往往是直接問我媽媽要，因為媽媽總是能以高效率翻找出照片，滿足親友需求。

前段時間，媽媽則是迷上了「種子盆栽」。酪梨籽、龍眼籽、白柚籽、橘子籽、辣椒籽……凡是她蒐集得到的種子，都一盆盆整齊地種得漂漂亮亮，定期拍照上傳到群組，與親友分享她的「綠色小世界」。

有些親友開始幫她蒐集種子，有些則跟著一起種了起來，做著一手好陶土的舅媽送給媽媽一個美麗的花器，搭配她的橘子苗拍了數十張照片，還成了網路文章的封面。

我媽媽在此時已經有了「親友御用攝影師」和「種子達人」兩種個人品牌。

「品牌」聽起來或許過於抽象，但其實那就是你的擅長、習慣、嗜好、性格所堆疊出來的「他人對你的印象」，印象愈鮮明，就愈容易被人想起，「使用經驗」愈正面，愈能累積出「品牌忠誠度」，這就是為何退休多年後，當年的同事還是要每月聚餐，或常要與好友視訊聊天，一聊就幾小時的緣故。

《追求卓越》作者之一的畢德士（Tom Peters）出版了《個人品牌》一書，教導讀者把自己想像成一個品牌，創造獨特的市場定位，培養附加價值。畢德士鼓勵讀者像品牌經理人一樣的思考：「你想要成為什麼？你想要代表什麼？你有價值嗎？」將自己建立為不可取代的個人品牌。

在職場中，個人品牌讓你不可或缺，是他人延攬或競相合作的對象；離開職場之後，你的個人品牌則讓你有豐厚的人際關係，成為你與人連結的重要聯繫。當你想到爬山，會想到誰？想吃一頓美食，會找哪位老饕？想看一場電影，想找哪位同好？有心事想傾吐時，誰是最好的傾聽者？試著思考，當身旁的人想到你，會想到什麼？（文／康思云）

第二章

內求
美好關係

人類內心最殷切的需求是渴望被肯定。

——現代心理學之父威廉・詹姆士（William James）

讚美，讓他人與自己被看見、被聽見

從小，我就以「身為建築師的女兒」為榮，一方面是因為爸爸坐在圖桌前深思的樣子，很有藝術家的魅力，另一方面，則是因為班上沒有其他同學的父母跟爸爸的職業一樣，因此帶給我一種「我很特別」的感覺。

有一次，爸爸帶了一張圖紙回家並請我塗色，那是他與團隊正在設計的建案。年僅六、七歲的我，把一棟雄偉的大樓，塗成了淺綠色與粉紅色相間的夢幻房子，然後很得意的還給爸爸。爸爸看了眼睛一亮，說：「我手下的建築師沒有一位畫出這樣的配色！」同時露出了讚賞的表情。雖然後來爸爸的設計圖仍用了其他色彩，但這個回憶卻深印在我心中，爸爸的回應其實只是描述了一個事實，卻加深了「我很特別」的信念，也使我認定自己很有藝術天分。

事隔多年，如今我以「用藝術服務長者」作為志業，也訓練一群專業助人者，運用藝術來協助長者統整自己的生命歷程、設計美好的熟齡。在培訓學生的過程中，常被問到：「要如何欣賞長者的作品？」「要如何讚美到對方的心坎裡？」「讚美要如何正中紅心？」等等，表達讚美的實際演練中，也常有學員苦於詞彙有限，除了「你好棒。」「好漂亮。」「有進步哦！」等籠統的句子外，不知還能如何表達。

心中缺乏讚美的詞句，很多時候是因為過往經歷中，沒有太多被讚美的經驗。在我們心中往往「被鞭策」的語句很多，「被肯定」的詞句很少。當自己或身旁的人犯錯、失敗時，我們的腦海中馬上出現上百句批評和責備的句子，而當我們面對成功時，卻陌生於接受肯定和褒獎。然而，若能閉上眼回想兒時一個被讚美的經驗，幾乎每個人的嘴角都能露出微笑，甚至眼角泛著淚光。因為那段記憶彷彿被加上了美麗的光暈，一景一物、一字一句，還有當時內心的雀躍和欣喜，是那麼的清晰。

現代心理學之父威廉・詹姆士曾說：「人類內心最殷切的需求是渴望被肯定。」這份肯定不需要華麗的詞藻、誇張的表情，有時只需要細細的表達

「我注視著你」以及「我看見了你」。例如，看見朋友換了一個新髮型，除了「換髮型了，變年輕了喔！」之外，還可以說得更具體些：「你把分邊的瀏海改成妹妹頭，頭頂的髮量感覺增加了，」「之前的長直髮剪短了、燙捲了，這個捲度剛剛好，增加了浪漫的感覺，」當朋友聽見你如此仔細的描述他的新髮型，他會感覺到自己很重要。同事穿了新衣，也不要再以「好看」一語帶過，花一分鐘好好欣賞、描述一下衣服的顏色和樣式，讓對方感覺到自己的改變，被注意到、被肯定。

好的讚美，存在於仔細觀看的雙眼、用心聆聽的內心。從此刻開始，別再苦惱於「字庫不足」而錯過了讚美的時機，用真誠的字句傳達所見所感，讓對方被看見、被聽見，就是最好的讚美。（文／康思云）

練習1
讚美別人之前，讓我們先讚美自己。

身為一個照顧著孩子、配偶、長輩的家庭支柱，我們的目光幾乎都關注在家人的各項需求上，忙著處理日復一日的瑣事，以及突如其來的緊急事件。生活中有稍作休息的片刻，卻沒有將事情完結的一天。

在運用視覺藝術陪伴家庭照顧者的課程中，我們常在第一堂課就邀請照顧者好好聊聊自己，有時是請照顧者試著挑選自己的代表色，有時甚至請照顧者著手繪製自己的自畫像。現在，就讓我們一起用一小段時間，將目光轉回自己身上，好好看看自己。請跟著我的邀請，將你想到的詞句或內容簡單的寫下來。

你常聽見身旁的人，用什麼形容詞來形容你呢？在最快出現在腦海中的這些形容詞裡，請寫下自己覺得是肯定或讚美的三個詞彙或描述句。

這些肯定或讚美的詞彙，也許是簡單常見的形容詞，例如：冷靜、聰明、負責任、美麗、有耐心……等，也許是一個描述句，例如：「有你在就覺得好安心。」「這個家沒有你不行。」「謝謝你總是幫我的忙。」或是「你父母一定很為你感到驕傲。」等等。

每個人都有容易被他人看見的特質，也有親近的人或自己，才更能接觸得到的一面。**請你用三到五個形容詞來形容自己，你會怎麼描述呢？**同樣的，描述方式可以是簡單的形容詞，也可以是一句完整的描述。這些形容詞或描述句，也許有負面的、也有正面的。

接下來，邀請你多花一點時間想想，最近完成了什麼讓自己感到有成就感的事情？也想想，你有什麼優點和特質，讓自己滿喜歡的呢？請至少寫下三個稱讚自己的形容詞。

關於讓自己滿意、感到有成就感的事情，不一定要是完成了很難達成的目標，也可以是生活中的小小事件，例如：烘烤了一個香酥可口的蘋果派，滿足了全家人的味蕾；開始培養運動的習慣；看完一本好書。這些小小的事件，都有著對應的優點與特質：好手藝、願意改變、愛惜自己、追求新知……等。

請看著這些美好的詞彙，再次對自己說：「我是美好的，因為我＿＿＿＿＿、＿＿＿＿＿，又＿＿＿＿＿。」

專心的去找尋心裡的聲音

曾看過一部台灣的動畫電影，被電影中的一段文字深深吸引：「小時候，我們都希望成為閃亮亮的大人，長大後，卻只想要平凡的幸福。」由於劇中時空背景的相似經驗，讓我產生了共鳴，不自覺開始探索自己深埋已久的記憶與經驗。

小時候，我也想成為閃亮亮的大人，但隨著年齡和人生經歷的增長，在現實生活中經歷許多不得不的改變後，我退而求其次，轉而尋求平凡的幸福。但漸漸的，在挫折累積之下，心中常迴盪著：「我很糟。」「我很爛。」「我是失敗者。」隨著時間一點一滴的流逝，無奈與悲嘆亦不斷增加，我非但沒有得到我要的平凡幸福，還成為一個不快樂的大人。因此我開始思考，面對這樣的人生，我到底該怎麼辦？

「想要幸福？那就專心的去尋找心裡的聲音吧！」朋友聽到我的疑惑後，這麼告訴我，更熱心提供許多執行的方法，例如：積極的去嘗試各種新的活動、度假放空、找專家諮詢、看書、聽演講，或者，讓自己更忙！

各式各樣的建議擺在我眼前，但我卻陷在更焦慮的情緒中，每天都覺得生活很沉重，覺得自己對這個社會沒什麼貢獻，愁雲慘霧好一陣子，甚至懷疑自己是不是罹患了憂鬱症……

直到有一天，朋友約我吃飯聊天，談話中，我將長期累積在心裡的煩惱、憂傷，一股腦兒宣洩，她默默的在一旁陪伴、耐心傾聽，不做任何批判，隨著我的訴說，與我一同經歷我的傷痛與哀愁。傾吐之後，神奇的事發生了！原本籠罩在我頭上的烏雲，好像因著我的傾訴與她的傾聽，慢慢地散開，照進了溫暖的陽光。甚至，埋藏在心底的聲音，也在心版上清晰的浮現。

此刻，我確確實實感受到了幸福。

「什麼是幸福？」哈佛大學從一九八三年起進行長達七十五年的「幸福感」

研究，追蹤七百二十四位成人的工作、生活、健康。現任研究主持人——哈佛大學醫學院臨床精神病學教授羅伯·威丁格（Robert Waldinger）分享了研究得到的結論：「良好的關係讓我們維持快樂與健康，並使我們獲得美好人生。」原來所謂的幸福，就是擁有良好的人際關係。

當有人陪伴我回憶過往、讓我重新整理埋藏在心裡許久的雜亂思緒、使我能宣洩被壓抑的澎湃情緒時，最能讓我感受到幸福。你身旁有這樣的朋友嗎？可以一起歡笑、一起煩惱、一起做夢、一起努力、彼此祝福？如果有，你們會多久見一次面，暢談彼此的人生經歷、分享酸甜苦辣呢？讓我們珍惜每一次能和這樣的好友交談、互動的時間吧！下次相聚時，記得告訴他／她：「因為有你，我好幸福！」（文／江明璇）

練習 2
試著當自己的好朋友，別再繼續責怪自己。

在日復一日的忙碌生活中，可能你已經很久很久沒有時間與空間，去跟好友喝茶聊天，也沒有動力去呼朋引伴了。因此，在一些令你懊惱的事情發生時，與你對話的可能不是朋友，而是自己內心的聲音。

這些不時出現的聲音，可能還包含了對自己某些特質的長期不滿，甚至是失望。例如：常因動作慢或時間掌控不佳，導致事情無法如期完成或頻頻遲到；每每在對家人發脾氣之後自責不已，卻又在不久後的某一刻情緒爆發。

這種時候，我們很容易指責自己、批判自己，對自己說出喪氣的話，完全不考慮聽者（自己）的感受。

當談到自己的缺點，或常帶給你自己一些麻煩或困擾的個人特質，會讓你想到哪些形容詞呢？請寫下來。

在陪伴「家庭主要照顧者」運用藝術療癒自己的過程中，我常會帶他們從觀察自己開始，先表達平時心中最直接的想法，再嘗試用不同的觀點重新切入，看看是否能出現新的想法，帶來新的感受。例如：由於時常在趕時間的狀態下開車前往不同地方，年初連續發生了三起事故，不僅飽受驚嚇，也因為高額賠償而對自己感到氣惱。當時為何要那麼心急、莽撞呢？開慢一點不就沒事了嗎？但也因為車禍的經驗，發現保第三責任險是必要的，更因此發現到自己的行程實在太滿，需要放慢腳步，多給自己從容以對的時間。

那麼，現在讓我們回到你身上。或許前面所寫下的這些短處，曾帶給你難以忘懷的失敗經驗，也或許就在最近，發生了讓你十分懊惱的事情，而你正為此自責不已。我想請你進一步想想，**若你從這些經歷中，學到了一些寶貴經驗，那會是什麼呢？**

最後，請悄悄的將責怪自己的聲音消音，嘗試對自己說：

「我最值得被肯定的一點，就是為了做出正確決定、為了使事情得到圓滿解決，而盡了最大的努力！」

寫給使我一夜長大的你

我們一生當中，會遇到許多事與不同的人。有些人，不知道為什麼走著走著，就走在一起；而有些人，不知道為什麼走著走著，就失散了。就像一輛列車，生命乘載著不同的人，欣賞著不同的風景，創造獨一無二的回憶。但在進站時，會有人上車，也會有人下車，而某些人的出現，能讓你成長。

「幸福不是故事，不幸才是。」會刻骨銘心，就是因為狠狠的痛過。每一段感情何嘗不是從開心的兩人時光開始，而在時光流逝中，有些愛情就這樣被磨損了，有些愛情愛著愛著就變調了，就算是最深愛的兩個人，也可能成為最熟悉的陌生人。

女人的第六感總彷彿能嗅到什麼，卻又因奮不顧身去愛，而自作主張否定所有橫行的可能。真相大白的某個晚上，女人哭著問：「為什麼？」在盡心盡力付出時，旁人只能輕輕提醒；在傷心欲絕的時刻，只能輕輕地安慰。女人都這麼傻過，都這麼愛過，都這麼痛過，都這麼認真過，都這麼盡力過，那麼，剩下的力氣，就留給自己吧。在無數次的大哭崩潰後，找回失落已久的自己，拾回散落一地的傷心，既然不能對傷痛按下skip（跳過）鍵，既然不能讓心不要痛、叫眼淚不要流，既然認真的深愛過，就一併認真的去痛。

女人頹喪著臉問：「什麼時候會好？會連想起都不痛的那種好？」會好的，會好的，好的那一天，你會發現的。那些共同擁有的曾經與回憶無法抹去，但你可以在離開之後，決定自己在回憶時的情緒。女人哭著說：「我想要一個答案。」親口從對方口裡給的答案。但當把給予答案的權力交給了對方，無形中也把自己的情緒決定權交了出去。

到後來你會發現，其實重點並不是答案本身。想要一個答案，只是為了安撫自己那份不甘心的倔強。很多時候其實你早已知道了答案，卻仍奢望有不一樣的結局。會有那麼一天，雖然對方依然沒有給出答案，但你在等待的過程中、反覆的自我對話下，安適了自己的心。此時此刻的你，交出了滿是汗水與眼淚的考卷，完成了老天給你的人生試題。

更會有這麼一天，別人說你看起來如此平靜與淡然，此刻你便明白，他們所看到的「你好了」，是用眼淚學回來的，是用很多的失去換來的。心理學大師卡爾．羅傑斯（Carl Rogers）對於成長是這麼說的：「如果我想要促使與我相關的他人成長，我自己必須不斷成長；成長的確常常會令人感到痛苦，但也令人變得更豐富充實。」

生命中所有的挫折與傷痛、所有的經歷，都是為了造就你與鍛鍊你。不要總說歲月殘忍，它，其實溫柔了你。請對生命中曾經攜手卻沒能走到最後的人說聲感謝，感謝在一起的過程中，彼此一起創造了許多美好回憶。感謝在離開後的時光中，體悟了珍惜。

感謝那個人，讓你朝著更好的自己邁進。（文／彭恩寧）

「認識自己是一件漫長的、足以持續終生的事情。這個過程既是一場探索，又是一種學習。」

——《深度洞察力（Insight）》作者、心理學家塔莎・歐里希（Tasha Eurich）

在與他的相處中，認識自己

學生時期，我心中夢想的白馬王子，是高高帥帥、白淨斯文的書生，個性溫文儒雅、平易近人。年少時的青澀戀情，彷彿是追尋白馬王子的歷程；又高又帥的男孩，一位接一位走進少女的心——站在司令台上的糾察隊隊長、彈了一手好鋼琴的指揮家、充滿藝術天分的建築系學生……每一段相遇，都為心中的夢中情人增添一些附加條件，唯一不變的，是要高帥白淨。

向來思慮明快、個性活潑的我，總覺得跟開朗、善於表達自己想法的人比較談得來，卻在一段與陽光男孩的戀情中發現，我更需要對方能深思熟慮、體貼細微、聽見我內心的聲音，因為在樂觀熱情的外表下，我有敏感而細膩的一面，需要對方放慢步調才得以細細體會。

情感豐富的我，在另一段與獨行俠的戀情中，以為可以用自己的熱情「融化」他，只要兩人相愛，一切都會化為美好。但每個人的界線截然不同，情感的表達與「愛的語言」也大相逕庭。我期待在愛情中，兩顆心能靠在一起、沒有距離，也期待能保有兩人的自由空間與完整的自己，這種「自在的透明感」，需要對方有一顆柔軟溫暖的心一起維繫。

直到有一天，我遇見了他。他有深邃的雙眼、高高的鼻梁，但是皮膚黝黑、跟我一般高，與我的夢中情人形象大不相同。但他的出現，卻讓我把過去的「夢中情人條件」拋到腦後。隨著年齡增長所經歷的感情，不僅是浪漫的愛情故事，更是認識自己的體悟。由於和「白馬王子」相處的經歷，使我知道真正適合自己的，是身著鎧甲、正氣凜然的黑騎士。

常聽身旁的人說：「我就是這樣的人，沒辦法和那樣的人相處。」或是「因為我是這樣的人，所以只適合跟那樣的人在一起。」每每聽見這種話，我都為對方感到一絲可惜。因為所謂的「我」，其實也是過往經驗中逐漸累積的概念，這個「我」隨著不同經歷的增加，每天都在變化、成長，透過與不同的人交往，使我們有機會看見自己不同的面貌，如果被先入為主的觀念所囿限，無疑是限制了更認識自己的機會。

如同德國一句名言：「只有在人群之中，才能認識自己。」在親密的戀情中可以更認識自己，在家人、朋友、同事的關係中也可以更認識自己，在與陌生人的一面之緣中，也會由於不同的互動模式而看見自己不同的面向。

最近與朋友相約去鶯歌畫瓷盤，她想將自己與愛貓一同畫進盤子。貓的構圖十分快速就完成，卻在畫自畫像時塗塗改改，總覺得少了那麼一抹神韻。我倆琢磨著她的雙眼線條、鼻形、唇形、臉型，不知不覺，五個鐘頭匆匆溜過。瓷盤完成後，我們觀賞成品時，心中也有另一層體悟：若描繪自己的外觀都那麼需要對話與觀察，想要認識自己，豈不是更得要透過人與人之間的各類接觸才能達成嗎？

美國心理學家塔莎·歐里希在《深度洞察力》一書中提到：「認識自己是一件漫長的、足以持續終生的事情。這個過程既是一場探索，又是一種學習。」若有機會與「不習慣」、「不喜歡」、「非預期」的人相處，不妨視為一種「認識自己」的練習，那是為自己的自畫像添加畫龍點睛的體驗。（文／康思云）

練習3
回望過去，再次認識自己。

「我」這個概念，包含了多種意涵在其中，不僅是外在及內在狀態的描述，更是一個人在過往的經歷中，如何去體驗生命、感受與他人的關係，並接受他人所給予的回應與回饋的總和。

關於「我是誰？」這個提問，它的答案是動態且不斷轉變的，在每一個時間點，都會因為當時所發生的事件、自己相對應的感受與體悟，而產生變化。此刻，讓我們嘗試從「你曾與某些人的互動」中，來窺見部分的自己，也期待在這個小小練習中，能有機會重新發現與認識當下的自己。請嘗試將思緒回望到幼年或求學時期，也可閉上眼睛，讓自己更容易回到過去：

在家中或街坊鄰里的長輩中，是否曾有一位長輩難以相處，或帶給你恐懼、害怕、焦慮、委屈……等情緒？在學校，

是否曾有帶給你類似情緒的師長？在與這個人相處的過程中，曾有什麼讓你印象深刻的事件？請寫下來。

在先前所提到的事件中，以及與這個人多次的交會中，使你對於這個人有一些特質上的歸類，例如：中學時期曾碰到一位講話不修飾、走路外八、眼睛細長的老師，對於考試分數非常要求，打人也從不手軟，常常看到同學的手心被這位老師打得青一塊、紫一塊。長大後，若碰到說話直接又大聲、走路姿勢像大媽、眼型細長的女性，就容易使你聯想到這位老師，覺得這個人很兇。

關於剛剛所想起的長輩或師長，你會用什麼形容詞來形容這個人呢？

幼年或求學時期的自己，常被要求要順服長輩與師長，對於不當的對待、極不合理的要求，常是敢怒而不敢言，這些難以表達的情緒堆積在心裡，當我們長大了，不再需要委屈自己去順應對方時，仍然容易受到過往的影響，不想靠近相近類型的人，或難以與他們建立關係。

然而，你已經不是當年的你了，現在的你，需要理解到自己抗拒這些特質的原因，更需要看見：經過了歲月的歷練，如今的自己已有更多的力量，去應對這些特質與情境。

請看著這幾個你所寫下的、不想靠近的特質，在心中對自己說：「由於年輕時的經歷，我不想與有＿＿＿＿、＿＿＿＿、＿＿＿＿等特質的人相處，但也由於這些經歷，我比過去更知道如何與這樣的人維持一個適當、讓我感到舒適的關係與距離。」

就算會失去，也要勇敢去愛

兒子參加了兒童劇團，導演帶著孩子們讀劇本時，會針對不同角色問一些問題，讓年紀尚小的小演員們有機會揣摩角色的心境。

其中有一個角色「藍寡婦」，她因丈夫過世得早，又留下一身債務，常常以淚洗面，漸漸得了這個稱號。導演問：「為什麼藍寡婦這麼愛哭呢？」有的孩子說：「大概因為她淚腺特別發達。」也有人說：「該哭的是她先生吧，沒得活了。」當然也有孩子回答：「她想念先生」或「她沒有錢」。

我兒子則問了一個導演意料之外的問題：「是不是愛一個人，就一定要面對他的離開？」問題來得太突然，當下無法有太多的討論。那天晚上，兒子問我：「如果愛一個人，會因為他離開而非常難過，那為什麼還要去愛？」這不是一個新的問題，大學時聽失戀的朋友說：「我再也不要那麼愛一個人。」也曾聽到愛狗過世的朋友說：「我再也不要養寵物了。」由於愛過而失去的心痛，使我們不想再經歷一次。

我問兒子：「如果有一支超好吃的冰淇淋，今天吃了，明天就沒得吃了，你要吃嗎？」

他說：「當然要啊，有得吃為什麼不吃？」

我再問：「但是有可能吃過之後會非常想再吃一次，結果吃不到了會很難過耶……不如不要吃吧，沒吃過就不知道有多好吃啦！」

兒子立刻說：「眼前有冰淇淋我為什麼不吃啊，現在不吃才會難過吧。」

兒子的回答，讓我想起卡爾．羅傑斯的理論「活在當下」(live in the here-and-now)，意指不要陷落在過去的悔恨中，也不要因為對未來的憂慮而裹足不前，要聚焦在此時此刻，勇敢去為所當為，享受並接納正在經歷的一切。但是，愛一個人卻不像吃一支冰淇淋那麼簡單。我們會因為所愛的人離去或離世而傷心欲絕、肝腸寸斷，那種痛太深刻，以至於當有機會再愛一個人時，我們因憂慮未來的分離而遲疑了，擔憂使我們的眼光專注於失去的痛苦，甚至忽略了相愛相伴的那份喜悅和難以言喻的美妙。

我又問兒子：「如果有一天你所愛的人離開了，你會因為想起和他一起的快樂時光而開心呢？還是難過呢？」

他說：「如果是快樂的回憶，想到時應該會開心吧！妳呢？」

我說：「有時候開心，有時候難過吧……」

接著兒子說出了一句讓我意想不到的話：「但是只要我想起他，就表示他仍活在我的腦海裡，他還跟我在一起，沒有離開。」

或許，想到離去的人會讓我們心痛、讓我們流淚，但這些心心念念，卻是我們愛過的證明，因為這份愛是真的，所以我們牽掛著、思念著、傷感著、懷念著。這樣一份愛，豈不比冰淇淋更美味、更值得經歷嗎？

不要陷落在過去的悔恨中，也不要因為對未來的憂慮而裹足不前，要聚焦在此時此刻，勇敢去為所當為，享受並接納正在經歷的一切。最後，兒子豁然開朗跟我說：「媽媽，我覺得，即使所愛的人會離開，我還是要勇敢去愛！」

（文／康思云）

練習 4
從愛你的人眼中，看見自己。

若將人生旅途比喻成一段旅程，那麼，有些人我們渴望他們能相伴到旅程的終點，有些人我們巴不得他立刻下車。不論同行在人生旅途中的時間是長是短，我們能彼此交會的，就是正與我們在一起的人們。

在上一個練習中，我們嘗試重新看待某些曾與我們交會的人們，對我們所帶來的影響，並給自己更多認識「我」的機會，這個練習可以多次進行、循序漸進。現在，我們則要從美好的、令人懷念的人生伴侶身上，嘗試透過與對方相處的點點滴滴，來更認識現在的自己。

想起一位你所思念的人，浮現在你心頭的，是哪些令你難忘的畫面或事件呢？

透過你的記憶中，你與那人的互動與對話方式，你覺得在對方的心中，你是一個什麼樣的人呢？他會用什麼樣的形容詞來形容你呢？

父親在我三十三歲時就離開我了，我雖覺得自己小時候人緣不好、長得太胖，對自己有諸多不滿，但我卻深深牢記爸爸常對我說：「妳這樣很好看。」「妳很聰明。」「妳很有創意。」「妳不用在意別人的眼光。」在爸爸心中，我是他的心肝寶貝、掌上明珠，這世上再沒有第二個女孩子比我更可愛、更得到他的喜愛。

爸爸離世後，每當想念他時，第一個出現的念頭常是：「最欣賞我的爸爸已經不在了。」直到有一天，我發現父親眼中所看到的我，也是別人常常對我的形容，這個世界上，不是只有父親欣賞我，只是我總是聽不進去、也不相信其他人對我說的話是真的。

此刻，我想邀請你細細地想想，除了這位愛你、善待你的人看到你如此美好的特質之外，是否也有其他人看到了在你身上同樣的特質？雖然未必能由同一個人看到全部，但也同樣的看見了你某部分的美好。

請嘗試將這些對你的描述、欣賞與肯定，踏踏實實的收進自己心裡，因為別人所看見的你，正是一部分的你。

翻找出未曾察覺的情緒和感受，並忠實呈現

「用雜誌拼貼來創作出自己求學歷程」的課堂上，老師要同學們先構思自己的求學歷程，從印象深刻的老師、同學等人物作為切入點，進行回憶的探究，也可以從自己喜歡的、討厭的、拿手的、不擅長的科目進行回憶，更可以從求學歷程中難忘的經歷開始追憶，然後找出一個與求學歷程有關的記憶畫面，作為創作的藍圖，利用雜誌上各樣的圖片進行剪裁及拼貼，進而將此記憶畫面忠實呈現。

只見大家埋首在雜誌堆中，眉頭深鎖，花了一段時間翻找及剪裁，終於理出了頭緒，細心地拼貼出自己想說的故事。在邀請完成創作的同學，來分享自己作品的故事時，一位原本總是笑臉迎人的同學，一說起她在畫面中所呈現的、從南部上台北求學的過程時，眼淚就在眼眶中打轉，也突然哽咽了起

來，之後流著淚把自己的故事說了出來：「以前超想離家，所以，大學填志願時，就填了台北的學校。媽媽陪著我搭車北上到台北，陪著我把行李卸下後，便前往客運站準備回家，我看著媽媽離去的背影時，心中頓時覺得失去了依靠，眼淚就不自主地掉了下來！」

說完故事後，同學開口問：「老師，為什麼明明事情已經過了很久，可是，再講到這件事時，當時的情緒還是會跑出來？我以為事情都過去了！」不知道正在讀這本書的你，會怎麼回答她呢？你是不是也曾有過，和這位同學一樣的疑問和感受？

記憶，代表著一個人對過去活動、感受、經驗的印象累積，事件的經過順序可能會有所遺忘，但情緒卻深深刻印在腦海裡，不曾淡去。愈是強烈的情感，愈是被牢牢記著。隨著時間的沖刷，事件的影響以及其強度可能減弱，但情感的部分，卻可能隨著時間的累積而更加強烈。只有選擇及開始習慣用另一個角度，來詮釋原本對某一事件的想法和感受時，跟隨著記憶的情感才有可能改變及淡化。

忙碌的生活總讓人喘不過氣，沒時間和機會好好面對自己心中的感受與真實的想法，總覺得自己沒事、一切都會過去的，忘記好好照顧自己的需要。那麼，不妨花時間投入回憶與藝術創作中吧。若身旁恰巧有人陪伴與聆聽，何不嘗試與人訴說、細細追憶過往，就算是不以為意的小事，也可能會在追憶的過程中，找出當時未曾察覺的情緒和感受，也在這個情緒和感受的背後，看到不一樣的價值和意義，讓這個記憶有被重新定義的機會。

從事創作是抒發情緒的一帖良藥，讓回憶的過程所產出的澎湃情緒和能量有個收斂，而且還能將記憶中的畫面留存下來，永久保存，成為與他人互動時的媒介，一看就能了然於心、無須多言。（文／江明璇）

哭泣不是軟弱，而是勇敢

當我遇到她時，我不知道她已經三十年沒有掉過淚。那一次的團體時光，一開始我們輪流分享著：「閉上眼睛，第一個浮現的是誰的笑臉？」大家紛紛說，是媽媽、是爸爸、是孩子，輪到她時，她說：「我想不起來。」

看著她的表情，感受到她有一股難以言喻的不自在。進行到深入訪談時間時，我坐到她的身旁，她看著我緊張的說：「我其實有想到是誰，但我不想說，也不想去想，因為我怕我會哭。」我看著她，輕輕的說：「沒有關係，不用急，如果你願意分享，我很願意聽。」就這樣沉默了一陣子，她緩緩說出她的故事。

那原本是一個美麗又夢幻的愛情故事，一個男孩深愛著一個女孩，兩人結婚後有了孩子，但在一次意外中，男孩離世了，留下了自己的雙親與年幼的兒女，還有一個心碎的女孩。面對愛人驟逝，女孩悲傷、憤怒，但在面對扛起家計與照顧責任的現實下，她決定不再哭泣，收起眼淚，收起情緒，當一個堅強的女性，只因不想再碰觸心中最破碎的那一塊。

從一開始平淡的敘述著，彷彿說的是別人的故事，到後來她眼眶有一點泛紅，語氣有一點激動，她說：「我好久沒有說出我的故事、我的想法、我的情緒。因為我不知道能說給誰聽，誰又會願意聽。」

其實，聽到她故事的當下，我好震撼，同時也好心疼，我說：「我真的覺得妳好不容易，而且妳好勇敢，在這麼巨大的衝擊下，妳賺錢養家、拉拔孩子長大、服侍公婆，我實在很欽佩妳，同時，我也好心疼妳。」

她點點頭，接下了我的回應。

過了一周，她再來到團體中，原本眉頭緊皺、小心謹慎的那個她，突然變得開朗，臉上帶著一抹微笑，顯得輕鬆不少。

她說：「回家後，我大哭了一場，哭完後，我覺得整個人好舒服。」然後接著她說：「其實，我有乾眼症，看了好多醫生都好不了，但，這次哭完之後，我的乾眼症竟然好了！」大家不可置信地為她開心，給她發自內心的掌聲與鼓勵。

「男兒有淚不輕彈」、「你真是個愛哭鬼」、「弱者才會哭」，對於流淚我們有許多既定的標籤，然而流淚真的就代表軟弱？代表無能？實驗心理學家亞歷·高茲（Alex Goetz）證實，因為情感而產生的眼淚，它會將人在精神壓力下所累積的有害物質帶走，而哭泣過程中你的呼吸與肌肉的運動，也能一併的減緩壓力，讓身心靈得到釋放。

英國伯恩茅斯大學（Bournemouth College）教授羅傑·貝克（Roger Baker）也指出，哭泣是一個將抽象的痛苦轉化成有形淚水的過程，在這當中，人會經驗到情緒的恢復，並且減少傷痛的感覺。動物都會分泌淚水來滋潤眼睛，但只有人類有情感的眼淚，而且唯有人類擁有產生哭泣的奇妙生理系統。下一次，當你掉下眼淚時，請記得，你是在進行「情緒排毒」，你是在面對自己的情緒，你，比你想像中的更勇敢！（文／彭恩寧）

練習5

陪伴自己，與情緒共處。

生活中與人相處，難免會出現一些讓我們情緒起伏的事件，有時只是心中小小的不悅，有時卻是好幾天都無法平復的強烈情緒。有些情緒，我們意識到它的存在，有些則是隱隱的躲在內心深處，久久都無法辨識出它來。

請想一想，當情緒波動產生時，你通常會怎麼回應它呢？

- 手邊還有很多緊急的事情需要處理，沒時間處理情緒，先放著，晚一點再說。
- 情緒起伏讓我很難好好處理事情，得趕快讓自己平靜下來。
- 想哭就哭、想生氣就生氣，我不在意別人眼光，就想好好發洩。
- 找個地方安靜一下，跟自己對話，嘗試用不同的方式來看待發生的事件。
- 找朋友或家人聊聊，但有點擔心自己的情緒不被認可。
- 其他。

隨著歲月增長，基於過往經驗，每個人都會發展出一個或數個應對情緒的模式，不論是哪一種，重要的是不要忽略自己的情緒，或是刻意讓某些情緒消失，因為情緒的出現來自於你對事件的想法與認知，與其花力氣去忽略或壓抑，不如花力氣來找到自己真實的想法，也就是情緒的源頭。

最近是否有一兩件使你情緒起伏的事件發生呢？讓我們運用這個機會，來練習多跟自己的情緒好好相處吧！

在你現在想起的事件中，有哪些人物在裡面？

發生了什麼事情，使你產生了情緒？

事情發生時，你有什麼想法？你認為對方是基於什麼理由所以這麼做呢？

在這次的事件中，有什麼特殊的物品／物件在其中嗎？

請嘗試說出自己因為這個事件所產生的情緒有哪些？

除了開心、不開心、高興、生氣等情緒描述之外，可以再進一步細分自己的感受，例如：沒有預料到對方會在這個時間點送來一杯飲料慰勞我，覺得「驚喜」；這件事情原本就不應該是我來做，對方卻理所當然地把事情丟過來，覺得「不受尊重」、感到「莫名其妙」「不公平」「委屈」……

當你嘗試用一些時間來記錄事件發生的細節以及自己的想法時，就是一段陪伴自己的絕佳過程，請試著持續為自己做這樣的記錄。當情緒出現時，不是忽視它，而是能學會與情緒共處。

別讓自己不悲傷

一個傍晚，家裡正準備迎接即將來晚餐的客人。在埋進廚房做菜之前，我瞥見客廳鋼琴上停泊的紙船艦隊，是小兒子多天以來累積的傑作，趕緊託先生帶著他把船移到其他地方收起來。

正在洗菜時，突然聽到客廳傳來「哇～～」一聲大哭，哭聲聽起來很傷心，接著，隱約聽見先生低聲解釋，原來是收拾艦隊的過程中，先生看到一張平平的廢紙在旁邊，順手就揉掉了，沒想到那也是一艘小兒子做的船。

幾分鐘後，小兒子走進廚房來找我，眼角還帶著淚痕，努力表現出開心說道：「媽媽，太好了，我有一艘做得不好的船被爸爸丟掉了，這樣我就可以再做一艘新的了。」

當時心中有點驚訝，那時才四歲的孩子怎麼會轉念得那麼快，但隨即想到，孩子即使轉念了，情緒可能還在。

於是我問他：「你有一艘船被爸爸丟掉啦？」兒子突然收起了笑容，委屈地哭了起來，邊哭邊說：「爸爸為什麼看不出我做的船是船呢？」接著他愈哭愈大聲：「他就在我眼前把船揉掉了，就這樣揉掉了！」

我放下手中正在切的菜，蹲下來抱著他：「你的船被揉掉了，你好傷心。」之後兒子哭了沒多久，便眉眼彎彎開心的笑了，大聲說：「我要去做新的船了！」

這次的紙艦隊事件，讓我在短短十分鐘內，看見一個小小孩如何經歷了一個未預期的悲傷事件，接著在爸爸的解釋與回應中快速地學會了「理性」地看待自己的難過，又在被道出心中傷心的原因時，發現自己仍然很悲傷。而最重要的，是看到他能好好述說心中的感受，後來破涕為笑的那份釋懷。

當悲傷的事情突如其來時，你會怎麼應對？會怎麼跟自己述說？是否因為不喜歡悲傷所伴隨的心痛感覺，又或是不想顯露出脆弱的樣子，所以選擇找一個「不用悲傷」的理由，好讓自己能快一點脫離難過所帶來的不舒適？

在運用藝術陪伴長者的過程中，常會碰觸到他們生命中的悲傷經歷，許多爺爺奶奶會說：「其實過去都過去了，我知道自己不應該再放在心上。」有時也會聽見旁邊的人對老人家說：「您很幸福啦，不用為這些事情難過啦！」然而，當我觀察到同一個事件在不同的話題中多次被提起，或是長者說起過往時、眼神仍然看不見真正的釋懷，這些訊息都透露著——有一份深藏的悲傷仍在隱隱作痛、沒有被真正觸及，也無法被遺忘。

肯尼・J・多卡博士（Kenneth J. Doka）在《面對失去，好好悲傷》一書中提及：「我們在感到失落的同時，也相信自己沒有為它們悲傷的權利。我們經常默默承受痛苦，不知道為什麼會有這些悲傷反應，也不了解這種反應的來龍去脈，而且幾乎得不到支持和認可。」

不知何故，我們似乎覺得能快速走出悲傷的人是堅強的，而表達出悲傷的人是脆弱的。然而，在我心中，能面對悲傷的人才是勇敢的。特別是當長者們用創作的形式拼貼自己悲傷的經歷、娓娓道來，並在完成作品後，看到自己走過悲傷後的成長，傷痛化作鑽石般的亮點將人生點綴得更豐富，就再次深深佩服每一個願意直面自己真正感受的心靈。

下一次，當悲傷突然到來，好不好給自己一些時間，接受自己受了傷、也相信傷口會癒合，別急著找個理由，讓自己不悲傷。（文／康思云）

用想像力使日子常新、關心常在

每週有一個上午的時間，是我與家庭照顧者一起談心、分享與創作藝術的心靈舒壓時刻。在一次的團體課程中，我請學員將抽象的情緒「哀愁」，用文字具體形容出來。一位照顧者說：「哀愁像是一朵流著眼淚的烏雲、很難回答的問卷、疼痛到流淚的換藥過程。」

另一位照顧者說：「哀愁像是凋零的枯葉。這片枯葉象徵的是我的先生，我希望能將這片枯葉留在樹上久一點，所以我努力的讓它不要落下！」當所有人分享完之後，我請每個人將自己的故事運用藝術創作呈現出來。那一次我們透過羊毛氈作畫，將大家的「哀愁」具體呈現。

將哀愁比擬為枯葉的那位照顧者，設計了一片色彩鮮豔的葉子緊緊連結在樹枝上的畫面，她說：「我在葉子與樹枝連結的地方多著墨了一些，我相信一定不會那麼容易掉落的！」看到這幅作品的其他成員，對於這位照顧者的想像力和呈現出的創作成品表達十足的肯定，讚嘆道：「妳這葉子一定還可以再撐個兩、三年沒有問題！」這份回饋讓創作枯葉的照顧者，心中頓時湧起一股力量，加強了信心與希望陪伴先生走下去。

全天候的陪伴，為一個人把屎、把尿、穿衣、餵飯，注意其肢體狀況、移位、復健、外出散步，照顧者無微不至地關心看顧著被照顧者的各項需求。除了生理的支持，被照顧者的心理照護也同樣重要，情緒支持、尊嚴顧慮、社交活動安排、課程學習讓腦部活化、延緩退化，許多時候，照顧者還需要諜對諜般的鬥智，轉移被照顧者的注意力。

與此同時，照顧者還須面對平時朝夕相處的那個人，漸漸退化、失去功能，成為最熟悉的陌生人。他們的心理所遭受到的衝擊難以言喻，照顧歷程的艱辛程度更是難以想像。

在乘載著如此複雜心情的照顧情境中，這位照顧者仍能夠繼續扛起照顧先生這甜蜜又沉重的負荷，我想，很重要的原因是她仍保有想像力，並保存著對自己所照顧之人的美好回憶，同時，還能創造出彼此之間新的美好記憶。

愛因斯坦說：「想像力比知識更重要，因為知識是有限的，而想像力概括著世界的一切，它推動著進步，並且是知識進化的源泉。」想像，是人類大腦中孕育智慧潛能的超級礦藏。想像力，能使思維充滿創造活力。在面對繁瑣的照顧工作和病程多變的陪伴過程時，豐富的想像力可以讓照顧者不再局限於原有的照顧模式中，並且生出勇氣潛能，創造出不一樣的陪伴模式和默契，與被照顧者之間累積新的、正向的互動經驗與記憶。

看見心愛的家人隨著病程逐漸改變和衰退時，想像力能突破疾病所築起的高牆，帶著被禁錮、憂傷、害怕的心去翱翔，讓照顧者能好好地凝視照顧的日常生活，使心常保新鮮。新鮮的心，能讓照顧者的日常生活重新被點亮，珍惜每個與重要他人相處的瞬間，真正的活在當下。

儘管仍舊會有眼淚、會疲累、會憤怒、會失望，卻不至於絕望，而能積極面對困難。

你是一個富有想像力的人嗎？或是你身旁有這樣一位想像力豐富的人呢？不論是哪一種人，都願你能好好珍惜。若都不是也沒有這樣的人，那麼，請找個時間讓你的想像力有被激發、出來透氣的機會。也許透過一本書、一幅畫作、一首歌、一部電影，便能讓你的心乘著想像力的翅膀，越過既定的思考、互動、情境脈絡，找到新的可能性、夢想與希望。

讓自己的心重新悸動吧，用全新的眼光和角度看待對方，解構一成不變的關係，使日子常新，關心常在。（文／江明璇）

別讓關係中的壞葡萄持續發酵

年少時第一次聽到「說出去的話像潑出去的水」這句話，覺得這個形容貼切得很有趣；長大後才知道這句話真是真實地近乎殘忍，因為在關係中的「覆水難收」，常是我們心中最深的痛。

曾聽一位七十多歲的奶奶講起孩子年幼時，錯打了他一巴掌，即使孩子已四、五十歲了，奶奶還是停留在令她後悔的那一幕，深深地責備自己。

我，也有一件非常後悔的事情。

大兒子五年級那一年，因為小兒子連續高燒六天、數次就醫都無好轉，那天晚上我憂愁地抱著昏沉的兩歲小兒子，正與先生討論是否要送大醫院時，突然聽到大兒子房間傳來「砰！」一聲巨響。

當我們衝去大兒子房間時，看到他抱著雙腿倒在床上不斷哭泣，頓時心想「是不是骨頭斷了」，但後來發現他腳還可以自由活動仍然哭不停時，我跟大兒子說：「不要再哭了，弟弟發高燒我們已經很亂了，你小心一點就不會發生這件事啦。」

那一刻，他看著我的受傷眼神，深深印在我的腦海裡。接著，大兒子的叛逆期如海嘯般襲來，班導師數次與我溝通他在學校行為的轉變，在沒有心理準備的狀況下，他與老師以及父母之間不斷出現的衝突，猝不及防發生。

經過數個月的煎熬，大兒子與學校老師的關係終於有了新的平衡，對父母也不再有那麼多的憤怒，但我總感覺兒子與我隔了一段距離，彼此的關係不像過去那般香醇、甜蜜，甚至有些酸苦、難以下嚥。

台灣有一支世界冠軍的埔桃酒（葡萄酒），由外埔的樹生酒莊釀製，在三十八個國家、六千二百款葡萄酒中脫穎而出，在世界規模最大的德國世界酒類競賽（Mundus Vini）勇奪金牌。

酒莊主人洪吉倍說，採摘下來的葡萄成千上萬，再累都要一一挑選，不能有一顆壞葡萄藏在裡面，才能保證酒的品質與味道。

如果人與人的關係是一罈酒，那麼彼此之間的對話、互動累積出關係的品質，就如同一顆顆豐碩甜美的葡萄。而當關係中的壞葡萄出現時，該如何處理呢？已發生的事情無法倒回，要如何做，才能將埋藏在過去的這顆壞葡萄挑出來？

大兒子上國一後，某天晚上，我鼓起勇氣跟他聊起那個晚上所發生的事情。

我問他：「當我對你說了那些話，你心中的感覺是什麼？」

大兒子停頓了一段時間，說：「我覺得在妳心中只有弟弟重要，自從他出生以後，妳就不再是我的了。」

我告訴他：「那個晚上，我很擔憂弟弟的病，當你受傷時，你的哭泣聲讓我覺得，自己實在無法再承受另一個孩子的痛苦，兩個加在一起，我快要不行了，因此，我希望你能不要繼續哭泣。但我非常後悔，每次想到那個晚上都很難過，你能原諒我嗎？」

他看著我，微笑著點點頭。在那天晚上的坦誠相對後，漸漸的，我感覺大兒子跟我愈來愈靠近了。

我們無法保證，對所愛的人不會說錯話、做錯事，但是，這些不小心與不成熟，並不至於立刻成為一顆壞了一罈酒的葡萄，只要我們願意敞開心，勇敢地詢問對方的感受，說出自己的後悔，以及愛對方的心意。

你，也有一顆想挑出來的壞葡萄嗎？（文／康思云）

練習6
在修復關係之前，先整理自己。

在傷害發生之後、關係似乎已恢復平靜之時，要再次面對引發悲傷或傷痕的事件，不僅需要修復關係的決心，也需要勇氣去面對對方的反應。發生的事件已過去，特別是過去了一段不短的時間之後，要重新與對方提起過往的事件，心中不免會擔心：「如果他不願意談這件事怎麼辦？」、「他會不會說出讓我無法承受的話？」、「他會不會已經放下了，但因為我提起這件事，又再次被挑起情緒？」……這些憂慮使我們裹足不前，甚至向後退縮。

別擔心，先不要想著如何跟對方述說或詢問，而是先回到自己的身上，嘗試從現在的立場，再次看見並理解事件發生當下的自己，整理當時的情緒與思維，用開放的心來理解自己經歷的心路歷程。

請回想一件與重要他人共同經歷的事件，這個事件可能讓

你感覺到傷害了對方、讓對方失望，或是實質上使對方受了傷。在這個事件中，使你感受到後悔、愧疚和自責的時間點，是哪一個時刻？那時你說了什麼話、有什麼樣的表情、或是做了什麼動作？

請試著描述，你難以釋懷的那個片段，並寫下記憶中的一些細節。

在我們的言語和行為背後，都存在著一個想法和認知，同樣都是看到家中的青少年倒在沙發上滑手機，如果我們心中的想法是：「孩子在學校上了一天的課很累了，需要休息一下才能再繼續拚鬥，」那麼我們很可能會說：「今天在學校辛苦啦。」並幫孩子準備一個小點心填填肚子。

若我們心中的想法是：「孩子就是偷懶不想念書、不負責任，才會沒在房間念書，在這裡滑手機。」那麼我們的反應很可能就是開始叨念、催促孩子趕快進房間念書，兩人甚至針對手機在這個時間點該用不該用而引發爭執。

在你剛剛所回想的事件中，當時心中的想法是什麼？什麼原因使你當時有這些反應呢？

當時的你，有著什麼樣的情緒？

＿＿＿＿＿、＿＿＿＿＿、＿＿＿＿＿。

當事件已經過去，經過時間的證明，或許你已比當時更了解事件的脈絡、對方的想法和原因，也可以再次檢視自己當時的認知與反應，若有機會讓這件事重演一遍，你是否還是會以相同的方式回應？

或是你會有不同的選擇，希望自己能說不同的話、做不同的動作、有不同的表情，如此一來或許就不會對重要的他人造成傷害？

在整理了自己在事件中的思維、感受之後，請把這件事情放在心上，當有機會向對方說明或表達歉意時，請把握機會、鼓起勇氣，給自己和對方一個修復關係的機會。出於愛的修復行動，即使兩人關係看起來仍原地踏步，相信也已種下愛的種子，發芽指日可待。

第三章

愛自己進階課

第一堂課——將目光與思緒從環境轉離，停駐於自己

記憶深處，有幾次被大自然深深撫慰的經驗。

一次是結束一段感情的那一天，坐在海邊的沙灘上，仰望著海天一色的藍，以及一波波緩緩暈染的白色浪花，紛亂的心思和情感彷彿被調和在眼前沉靜的色彩裡。當夕陽沒入海平面時，我重新整理了心情，踏上回家的路。

一次是從小疼愛我、後來移居美國的爺爺，在我安排好訪美日期的兩週前，突然離開了人世，沒能見到他最後一面使我心中充滿了遺憾。依據原訂日期去到美國後，父母帶我去了爺爺的墓園，那天的天空很藍，爺爺安葬在一棵大樹下，四周圍繞著茵茵綠草。當我抬起頭望向天空，看到藍天綠地上那棵蔭庇著爺爺的樹，心中頓時湧進許多和爺爺間的美好回憶，彷彿看到他帶著

慈愛的笑容望著我，對我說：「沒關係，我知道妳不會忘記我。」

你是否也曾有這樣一個轉換心境的瞬間？

或許此時此刻，你沒有時間往溫柔的大自然踏去，但僅僅是在家中抬起頭來，望向窗外的遠處、雲朵緩緩移動的藍天，都會使你心情得以轉換。研究顯示，當人持續著身體蜷縮的姿勢，兩分鐘後，體內與壓力有關的荷爾蒙分泌就會大幅增加，相反的，若擺出舒展身體的姿勢：抬頭、挺胸、張開雙臂……同樣經過兩分鐘，就能讓身體引導大腦改變情緒。

現在，就讓我們抬起頭。深呼吸，讓思緒從生活中瑣碎而繁重的事物中暫時抽離。深呼吸，使腦中的畫面隨著胸腔的起伏，單純聚焦在眼睛所見。放輕鬆，進入僅屬於你的一段時光，準備好與美好的自己相遇。在接下來的練習中，讓我們用比喻的方式來接近自己：

請閉上眼睛，想像一下，如果你是一棵樹，你是一棵什麼樣的樹？你正生長在什麼季節裡？

當腦中這棵代表你的樹漸漸浮現時，請繼續為它加上更多的細節與描述：

- 這棵樹的樹幹是粗壯，還是細瘦？是矮小，還是高大？葉子是稀疏的，還是枝葉茂盛呢？
- 樹上有果實嗎？是否開了花？
- 這棵樹生長在哪裡呢？在高山上、森林裡、草原中、溪水旁，還是在院子裡？是沐浴在陽光中、佇立在風雨中，還是在黑夜的月光下？
- 這棵樹旁邊有其他植物或動物嗎？

在剛剛，你選了一種樹來比喻自己，它可能是一棵常見的榕樹、楓樹，也或許是一棵少有人知道名字的美人樹、玉山圓柏。你選擇了這棵樹，是因為有著和你相同或者你所希望具備的特質，藉著這棵樹投射出對自己的期望。

就像世界上沒有兩片完全相同的葉子一樣，即使你選擇的是日常生活中隨處可見的一棵行道樹，選擇它的理由卻是獨特、蘊含深意的，你可以透過這個過程看到真實的你、理想的你，獨一無二的你。

在這個練習中，我選擇了櫻花樹，因為美麗又努力綻放的櫻花，就像是追求獨特風格、想擁有亮麗外表的我，不僅期待被許多人看見，也能讓這份美麗更賞心悅目、更容易靠近。雖然平時所見的櫻花樹不長櫻桃，但我心目中這棵代表自己的櫻花樹，卻有著結實纍纍的櫻桃，如同我在家庭、工作上都需要不斷產出。櫻花樹相較於其他樹種，顯得柔軟而可親，如同我個性中的依賴以及需要大家陪伴、協助的特色。

你呢？**這棵被選擇的樹和你之間有什麼關聯？請嘗試用一段話，寫下對這棵樹、以及你自己的描述。**

若時間許可，鼓勵你將剛剛浮現在腦海中的畫面，用繪畫、拼貼的方式，創作出來，並在作品完成時，寫給自己一句祝福的話。

第二堂課——看見並靠近自己的情緒

某天，下班後載著小兒子回家的路上，當時四歲的他因為來不及在離開外婆家前看完卡通，情緒不佳，雙手抱胸對著駕駛座上的我大聲說：「我很生氣！」

我問小兒子：「生什麼氣？」

他說：「因為我每天這個時候都可以看卡通，可是今天沒看到！」

我回答他：「哦，那你其實是覺得失望，因為原本覺得可以得到的卡通時間沒有了，所以覺得失望。」

他又說：「而且我講了也沒有用，妳要下班回家了，我就得跟妳一起回家。」

我跟他說：「這種心情，其實不是生氣，而是沮喪。因為覺得自己不想在那個時候離開外婆家，但又不得不配合，所以覺得沮喪。」

小兒子繼續雙手抱胸，大聲對我喊著：「對！我不能看完卡通，失望又沮喪！」

這是一段親子之間再日常不過的對話，卻也是一個情緒的辨別練習，將常被籠統一分為二的「高興」與「生氣」兩種情緒，做進一步的分類與了解，使情緒的樣貌更清晰，也使自己更能釐清情緒產生的原因。

每一個情緒其實都被一個甚至一串思想牽動著，同樣一個事件，因著不同的想法，而產生出不同的情緒。就如不同風力大小、方向的風，會將花瓣以不同狀態吹起、帶向相異的地方。透過貼切的描述自己針對事件的想法，將能更準確地呈現內在的情緒狀態。

位於大腦底部的杏仁核，是大腦中負責掌管情緒的感情系統中樞，而不同於一般人對於「腦部功能會隨著老化而退化」的認知，人類的情緒系統終其一生都能持續成長，且不易衰老。也就是說，對於情緒的掌握與表達力，是可以鍛鍊並不斷進步的。

讓我們先來做一小段情緒圈選的練習吧！**請參考下方的簡易情緒詞表，將近期常出現的情緒寫在白紙上，請先不去考慮該種情緒的強度，只要是最近一個月較常出現的情緒，都可以寫下來：**

很棒、反感、愉悅、哀傷、驚喜、驚嚇、感激、憎恨、爽快、憤怒、得意、羞慚、欣慰、無助、心安、心神不寧、期待、漠視、盼望、絕望、感動、心痛、輕鬆、沉重、自由、拘束、舒暢、苦悶、親切、冷漠、幸福、艱辛、享受、痛苦、溫暖、跌落谷底、滿足、意志消沉、珍惜、懊悔、平靜、慌張、激勵、壓抑、被愛、無依無靠、被接納、敵視、被了解、背叛、被尊重、被輕視、被需要、被遺棄、被肯定、被孤立、被信任、被冤枉、被吸引、困惑、被關心、不被接納、有自信、愧疚、感興趣、興致低落、敬重、同情、佩服、驕傲、羨慕、藐視、思念、憂慮、敏感、麻木、嚮往、茫然、心安理得、失魂落魄、鎮定、忐忑不安、揚眉吐氣、坐立難安、愛慕、嫉妒、熱切、急躁、開朗、寂寞、和順、尷尬、果決、矛盾、福氣、憂鬱

請看著你書寫在紙上的幾種情緒，靜下心來回想，這段時間最常出現的情緒，是其中的哪兩種呢？請用筆將這兩種情緒圈起來。

或許，你對於被圈選出的兩個情緒，感到很熟悉，也或許，感到很無力、甚至希望這樣的情緒可以消失。面對生活中大大小小的事情、工作中層出不窮的任務，需要我們抓緊時間，解決問題並做風險管理，然而，面對隨著內心思維所起伏的心情，以及專屬於我們的珍貴情緒，我們要好好覺察與接納，容許它們出現、停留、和離開，讓情緒自由的流動。

請用一段時間想想，並書寫下來：剛剛所圈選的兩個情緒，在什麼情形下會出現？是什麼樣的事件或想法，使你產生了這樣的情緒？

有些時候，我們並不歡迎情緒的出現，因為它攪動了我們的平靜與泰然，這種時候，內心也容易跳出「趕快轉換心情、趕快恢復正常」的念頭。但是，即使我們能暫時用「假裝的平靜」把焦慮給掩飾了，卻在同樣的情境再度發生時，發現自己依然慌亂，情緒強度甚至不減反增。

有些時候，我們不希望自己看起來灰暗、悲傷，因此勉強自己掛上微笑，告訴自己及關心的人們「我很好」，但陽光燦爛的表象，無法真正照亮心中的失落、絕望與悲傷。情緒也許可以暫時被壓抑，但後勁及反撲的力道卻意外的強大。發自內心的樂觀與正向積極很吸引人，但若越過了「面對真實情緒」這個過程，直接進入「表象的正向積極」，將使被忽略的情緒如同壓到底的彈簧，終將在壓不住的那一刻，以更大的力道反彈。

其實，被我們歸類於「負面」的情緒，帶給我們很多的禮物。當我們生氣時，它給了我們勇氣與機會表明心中真實的想法；比方說悲傷，使我們更能體會自己愛的深度；而憂慮，則使我們能事先準備……

當我們願意接納各種情緒的出現、不急於「處理掉」某些情緒時，我們也才能自在地與各種情境下的自己共處，並看見不同事件所帶給自己的意義與價值。

請再次看著剛才被圈選出來的兩個情緒，拿起手機為自己拍下帶著這兩種情緒時的表情，來張正面照，也來張側面照。

看著不同表情的自己，進一步想想，這種情緒帶給你何種生命的禮物？

我有兩張臉，其中一張是得意的臉，為此我感到很欣慰，因為那表示有一群好夥伴與我一同努力，才得以在工作中累積豐盛的成果，並陪伴了許多年長者與家庭照顧者；我也有一張恐懼的臉，因為害怕所愛的人會出意外、離開我或死去，然而，我珍惜自己擁有一張恐懼的臉，因為隨時知道所愛的人們有一天會離開我，所以更珍惜每個相處的時刻。

你呢？**若時間許可，鼓勵你將剛剛用手機拍下的表情，用抽象畫的方式結合到同一張臉上，可以用照片拼貼的方式，也可以用繪畫的方式來表現，並在作品完成時，將這兩種情緒所送給你的禮物寫下來。**

第三堂課——觀看原生家庭的成長脈絡，重新認識家人

從小，我總覺得媽媽偏愛哥哥，這種感覺是從一些蛛絲馬跡累積來的。

像是我與同住的表妹需要輪流洗碗，但哥哥不必做，因為媽媽覺得女孩子長大後要嫁人，會做家事才會被夫家疼愛；媽媽常說我不太會搭配衣服、不夠得體，但似乎不曾聽見媽媽叨念哥哥的衣著；媽媽常告誡我站要有站相、坐要有坐相、不要笑得那麼大聲、要有女孩子的樣子，但是哥哥在媽媽眼中就是最帥的兒子……等等。

這種日積月累、逐漸根深柢固的「媽媽偏心哥哥」的感受，使我跟媽媽之間的關係不時緊張或衝突，也讓我難以看見媽媽對我的疼愛。直到一次聽哥哥說，他覺得爸媽從小都偏愛妹妹，我才驚訝的發現，原來生長在同一個家庭

中，每個人看到的、記得的事件，以及各自賦予的詮釋都不同。

然而，這些從童年時期就開始影響我們的家庭互動模式，以及我們對這些互動方式「所產生原因」的解讀，都默默地影響著我們對自我的認知，以及在親密關係中的行為模式。

你是否對自己長期以來的行為模式感到好奇？有時會思考，究竟是受到什麼影響，使得我成為現在的自己？以下，**我們可以透過一個簡單的「畫家庭圖」練習，將距離稍微拉遠，觀察一下你與父親、母親以及其他親近的家庭成員之間的特質關聯，想想你們之間的關係與相處模式。請準備一張白紙，依照以下說明與步驟開始進行。**

1. 畫家庭圖的範圍包含父母及兄弟姊妹，或是兒時同住的家人。
2. 以正方形代表男生，圓形代表女生，將父親及母親以橫線相連，再往下延伸至兄弟姊妹。
3. 在每個家人旁邊，寫下三個「想到這個人會很快想到的」特質（形容詞），各種方面的特質都可以。

4. 寫特質的時候，自己的特質也要寫上三個。除了自己，至少再寫三個家人的特質。
5. 寫下三個家庭成員的特質之後，接著在你所寫下的家庭成員特質旁邊，再寫下正面或負面特質發展至極端時、會產生的另外一種特質或性格描述。

人的性格特質通常都有一體兩面，例如：一個面對困境樂觀積極的人，很有可能抱持著「船到橋頭自然直」的思維，相較於凡事謹慎規劃的性格，這樣的人可能顯得思慮不夠周密；一個講義氣、為朋友赴湯蹈火的人，在家庭的層面可能會是被妻女感受到「把外人看得比家人重要」的人；一個節儉成性的人，有可能被人覺得一毛不拔，也可能對自己極為苛刻。

性格沒有絕對的好與壞，當我們能持平地看待性格不同面向的展現，也才有機會以不同的角度認識我們相處了一輩子的家人。**在畫完家庭圖、寫下家庭成員的各種特質後，請觀察你所寫下的這些特質：**

是否有本質相同的特質，以兩種不同的極端出現在你與另外一個家人身上？

你是否有某種特質與父親或母親相同？

這些特質曾經帶給你什麼影響和感受？

你在哪些情境會展現這些特質？現在又如何出現在你的家庭互動中？

在畫完家庭圖後，我回想自己從求學時期開始，就漸漸發現自己跟爸爸很相似，有許多創意及創新的想法，然而，因為常有人形容爸爸很自負，使得我小心翼翼不要給人這種印象。

但在工作上，團隊夥伴觀察我有強烈的「不想要輸的特質」，這與爸爸的「自負」其實是如出一轍。爸爸的直率常得罪人，卻也成就了我不畏衝突的性格，只是在人際關係中跌跌撞撞之後，漸漸希望將「直言不諱」修正為「謹慎謙和」。

而我的媽媽將家人照顧得無微不至，卻常常過於擔憂，使得我從小就希望自己能活得樂觀自在一些，但其實也跟媽媽一樣，總想體貼別人，以至於想得太多。哥哥顯得沉穩、同住的表妹顯得溫柔體貼，其實我們都像媽媽一樣思前想後，只是我們都想顯得獨立自主，不想表現出憂慮的那一面。

其實每個人都確實受到原生家庭及過去經驗的影響，小時候無從選擇自己的家庭，甚至也說不清楚自己承受了什麼情緒、壓力，或是有著難以言喻的傷痛。然而，已經長大的我們，卻有了理解自己、理解其他家庭成員的能力與眼光，與其認定彼此只能用既有的模式互動，不如嘗試用新的方式來詮釋家人間的相處，重新為自己賦予一個喜歡的角色定位。

準備結婚那年，我看到媽媽因為捨不得女兒出嫁，常常徹夜難眠，為我打點了婚後大大小小的生活用品，一直到結婚多年後，我仍在拆封媽媽送給我的「新婚禮物」。原來，我並非「不被偏愛的女兒」，而是媽媽「非常疼愛的掌上明珠」。

覺察原生家庭的動力與帶給自身的影響，給了我們一個改變的契機，不再放任生命原地打轉或抑鬱難平，而是學習不再尋求他人的肯定與認同，勇敢地接納、肯定、欣賞自己——學習以大人的角度理解與體會父母當時所經歷的人生狀態，細膩地看見、感受家人對自己的愛；學習不再責怪家人、與家人保持安全距離，而是用心地找到能與家人相處得更舒服、更自在的方式；學習不再期待家人或他人改變，學習成為自己所希望看到的改變。

邀請你將自己的手型描繪在紙上，依據家庭成員數、家人間親暱的程度，來安排紙上所顯示的手指數量及位置，並在每根手指上，畫上所代表的家庭成員常見的表情。當作品完成時，將家人所帶給你的影響寫下來。

第四堂課——看見自己的心理界線

搭乘捷運，你會遵守規定站在黃線後面排隊，因為知道那能保護自己不過於接近軌道；打球時，場地上畫的線提醒你，別踩線、別出界，不然就會違反了比賽規則。生活中到處都存在著不同形式的設限方式，區區一條線，就擁有使人停止，不能越界的權利。然而很多時候，我們處處遵守著有形的界線，卻忘記了有一條攸關我們人際關係、進而連帶影響到我們情緒的線，那是「心理界線」。

為什麼心理要有界線？醫學上使用「心房」來解說心臟構造，若今天就字面上來聯想，假設我們的心真的是一棟「房子」，它會是什麼模樣呢？是鄉村的三合院？城市裡的高樓？森林裡的小木屋？海邊的度假小屋？

我的「心房」是一棟莊園，擁有廣大的腹地、綠意盎然，以及有著隨著四季綻放不同花朵的花園。平常大家可以自由地進入莊園裡的花園參觀玩耍，也可以在特定時間進入到莊園的大廳參觀。但只有少數接收到邀請的人才能進到屋內的客廳與我喝茶聊天。

這棟莊園，代表著我與他人的互動關係，從莊園廣大的腹地與吸引人的花園，象徵著我是一位喜歡結交朋友也樂於與人分享的人。但在歡迎他人來莊園玩的同時，我也有我的莊園規矩，並非每個人都能進入到莊園的客廳裡，只有特定的少數朋友才有這個權利。如果有人擅自闖入客廳，那他就會被禮貌的請出去，沒有別的原因，只因為我是這莊園的主人，主人擁有歡迎或拒絕的權利，這就是心理界線。

你的「心房」是一棟什麼樣的房子呢？若「心房」的材質、門窗、外在裝飾，象徵著你的個性與你在人際關係中所劃出的心理界線，那你的心房是用什麼建材打造？整體的設計又是什麼風格？是否是曾經在童話故事或卡通動畫中出現的房屋呢？讓我們準備一張乾淨的白紙，拿起筆，將你的「心房」用文字描述出來，並畫下來。

剛才你畫的心房，是一棟注重隱私的別墅？還是不怕別人看到裡面的玻璃溫室？是如童話故事中的可愛小木屋、時時歡迎訪客？還是門禁森嚴、需要進入許可的官邸？在畫的過程中，你是否覺察到那條時常被我們忽略的心理界線，如今以房子的形式具體的出現在眼前？

關於房子，一定少不了大門，而房子內一定有各房間的房門，因為這是家的必備設計。少了大門，街上任何一個人都有機會跑進屋內走走看看；只有大門沒有房門，那麼住在屋裡的人就無從保有自己的隱私。

我們對於實體的房屋界線是如此的明確，但對於我們的「心房」，卻常因界線的不明確，甚至沒有設立界線，而使得他人能未經我們許可，擅自闖入。你會在意實際居住的房子的安全，但「心房」的安全，你可曾好好留意？

爸媽說：「你是老大，多幫忙家裡是應該的」；兄弟姊妹說：「妳當家庭主婦時間比較彈性，爸媽的陪診就由妳負責好了」；公婆說：「就跟妳說女人生了小孩後工作就不要太在意，能賺點錢就不錯了」；鄰居說：「家裡才這麼一點大，還需要請人打掃？太花錢了」；同事說：「你做這個最快了，只要花你一點時間，就幫個忙吧！」……這些話是否曾出現在你耳邊、衝撞著你的心門？

很多時候，習慣體貼別人、忍讓他人的我們，選擇默默吞下了這些話，甚至讓這些話動搖了我們既有的決定。一次又一次退讓之後，我們與他人的界線愈來愈狹窄，甚至模糊得看不見，他人以為我們沒有界線，恣意地索求，甚至侵門踏戶越線而來。

很多時候，搖動我們心理界線的，不是外人，而是父母、兄弟姊妹、配偶，或是孩子。因為愛，所以願意委屈一點、犧牲一點，因為愛，所以要包容、體諒、遷就。但就在每一個默默承擔忍讓的當下，你也漸漸的失去自己。

「即使愛一個人，也要保持一段距離，這距離裡面有自由，彼此都需要的自由。」臨床心理師洪仲清如此說道。劃下自己的心理界線，不代表要變成只為自己著想、不顧他人的自私小氣鬼，而是開始學習分清楚哪些是你該承擔的？剩下就不再是你的責任，而是對方需要學會負責的部分。劃清界線，並不代表你對對方的愛因此而改變或減少，而是增加對自己的照顧與愛護。

在距離裡面的自由，能幫助你成為一個懂得愛自己、保護自己的人，如此一來才能夠與人建立健康、長久且良好的互動關係。當別人意圖跨過你的心理界線時，該怎麼辦？你可以溫柔而堅定地的請他移開正要踏入的腳，輕輕關上門。

剛開始練習時，總會不習慣，不只是因為要拒絕他人而感到不習慣，被拒絕的對方也會不習慣。但請記得，保持適當的距離，是讓愛能健康長久的必要條件。在學習的過程中，也不免會擔心自己是否過當？對方會不會受傷？這樣真的好嗎？這時請記得，勇敢的表達自己，並不代表要傷害別人，而是讓別人了解你的原則。

如果你因為劃下清楚的界線而被對方怪罪或批評，就把他人的情緒當作是垃圾，讓它們跟著那隻要踏入的腳，一起離開你的家門口吧！請不要因此自責，覺得是自己不夠體貼而怪罪自己，因為這本來就不是你應該去承擔的。動不動就將垃圾往別人家裡丟的人，更該教他學習如何尊重別人的界線。

當你在拉起這條被閒置已久的心理界線的同時，你可能會失去他人對你的感謝而覺得失落，你可能會煩惱到底這條界線應該如何拿捏？人與人的互動本來就沒有既定的公式，人際關係就像是水流一般隨著不同的情境與狀態而有不同的變動，因此讓我們一起練習，在每次的嘗試中更認識自己，找出那條能幫助我們在關係中更自在的心理界線。

如果你不能與自己自在地相處，
你跟別人相處時也不會自在。

——作家西德尼・哈里斯（Sydney J. Harris）

第五堂課——做自己的好朋友，從自我對話開始

某一年生日時我做了一個調查，詢問身旁的好朋友會用什麼「動物」來形容我？雖然著實讓大家苦思了一番，但還是收到許多有趣的回應。從天上飛的鳥類到地上走跳的兔子，甚至是大海裡的海豚，每個人對我的詮釋都有他們獨到的見解。

從他人的角度來蒐集關於「我」的面貌，就好比蒐集風景明信片，同一個景點，會因各個攝影師的掌鏡風格而各有特色。朋友們在不同時期、不同狀況下記錄的「我」，也給了我另外一個角度來觀看自己。

我們會在與他人的相處中得到對方對我們的看法，生命中許多重要的人際關係亦會帶給我們關鍵性的影響。但其實有一種人際關係，是至關重要卻又十

分容易被遺忘的，那就是與自己的關係。

心理學家菲爾·麥格羅表示：「最重要的人際關係就是你與自己的關係，首先，你必須成為自己最好的朋友。」為什麼需要和自己做朋友？我們習慣以他人的陪伴來度過日常、挑戰與困境，但其實真正陪伴我們最久的，是我們自己。作家西德尼·哈里斯（Sydney J. Harris）更進一步說道：「如果你不能與自己自在地相處，你跟別人相處時也不會自在。」

許多與他人關係的衝突，其實潛藏著我們與自己關係的疏離與破碎。當我們忙碌於照顧他人的同時，時常忽略了對自己的照顧。久而久之，在攬鏡自照時才驚覺，鏡中的自己是如此陌生。

好消息是，只要你願意，就能立即重新開始建立與自己的關係。**現在就讓我們拿起一枝筆，找個舒適不被打擾的地方，透過六個角度，分別從生活作息、興趣、特質、價值觀、使命目標與優勢，來逐一認識此時此刻的自己，請依照現在自己的狀態，寫下你的回答。**

生活作息：體力、情緒、智力的週期性變化。你是個晚起或早起的人？一天當中你的能量在什麼時刻達到高峰？一天當中什麼時候較為低潮？

興趣：你喜歡專注於什麼樣的話題？對於什麼事情充滿好奇？

特質：你喜歡與人相處還是一個人獨處（外向或內向）？是一個企劃者還是執行者？在做決定時，是跟著感覺走還是根據事實和思考？喜歡規劃細節還是大方向？

價值觀：什麼是你認為「對的事」？

使命目標：你生命中最有意義的事情是什麼？

優勢：你的優勢是什麼？這裡並不單單指技能或才能，還包含如忠誠、尊重他人、熱愛學習、情商與品格等特質。

檢視你所列下的答案，是否對於自己的認識又更清晰了一些？有些人在寫完後才發現，由於角色的轉變、生活的磨練，相較於過去的自己，如今已調整了許多。在時間的滴答流轉與關係的磨合中，刻畫出我們的轉變，未來我們依然還會變動，也因此現在所記錄下來的自己，彌足珍貴。

認識自己，才能做自己的好朋友。然而現實生活中，我們卻常不跟自己做朋友，非但如此，反而還擔任最傷人的壞朋友，我也曾經當了自己好多年的壞朋友而不自知。

還記得是在小學五年級和同學一起做科學展覽報告，我被分配到在海報紙上寫下研究內容。雖然事先畫好鉛筆線避免字體大小不一與歪斜，但我還是不小心寫著寫著，就把字給寫歪了。其中一位同學生氣的看著我說道：「妳真是成事不足敗事有餘！」當時我還不太明白這句話的意思，只知道沒寫好海報，讓同學不開心，自己也覺得很抱歉。然而卻演變成日後每當我做錯事時，這句話就會不自覺在耳邊響起，好像又回到了事發現場，再被同學狠狠罵了一次。但責罵已不再是從同學口中說出，而是來自我自己的心裡。

原來在我沒有察覺的情況下，不僅把這句話聽入耳裡，也放到心裡。我接受了這句話所定義的我：「是一個沒有能力把事情辦好，還會把事情弄得更糟的人。」於是每一次遭遇失敗，我就會對自己說：「妳就是一個成事不足、敗事有餘的人。」我不僅沒有像個好朋友般安慰自己，反而像個壞朋友般一再批評。

卡通人物名偵探柯南曾說：「言語是把利刃，使用不當便會成為可怕的兇器。」但其實更多時候，是我們自己不斷拾起早已掉落在地上的這把利刃，一次又一次劃向自己的心。

你生命中是否也曾有讓你不舒服、難過，甚至生氣的一件事？可能是從家人、師長、同學、同事口中說出一句話、一個小動作，甚至只是一個眼神。它藏在你內心深處，每當你再遇到類似事件時，它就逮住機會藉題發揮。

面對已發生的事情，我們無法改變它，就如同我們無法決定別人口中所說的話一樣，但我們能決定如何思考他人所說的話，而我們的思考更決定了我們如何看待自己。面對不斷纏擾、後來變成一個根深柢固的信念，不斷影響著我的那句話，最終在反覆與自己的對話中，慢慢地解開。我歸納出了三點來駁斥這個信念：

- 小學同學只跟我同班一年，他對我的了解有限，他的斷定並不能延伸到之後的我。
- 並不是做每一件事情我都是成事不足敗事有餘，有許多事我都能做得很好。
- 即便是失敗，其實也只是意味著需要多一點練習，之後就能做好。

當能從不同角度去看待自己而得到嶄新的看法時，我就從這根深柢固的單一負面信念中漸漸走了出來。以至於後來在面對失敗時，我能大聲的對自己說：「失敗是一個事件，不是我的特質。」於是又有能量來面對新的挑戰。

最重要的是，我成為自己的好朋友、能為自己加油打氣，而不再繼續扮演壞朋友對自己落井下石或厲聲批評。坦然面對自己、接納自己，不僅使我輕鬆自在許多，也在與他人的合作中更自由。

你也希望卸下壞朋友的角色，成為自己的好朋友嗎？如果你願意，那請繼續跟著我們繼續這場內在對話的練習。

回想一件讓你感到不舒服、難過甚至生氣的事件：

將事件的脈絡以你的主觀角度簡單寫下。

範例：小學五年級參加科展，同學說我「成事不足敗事有餘」。

寫下你對這個事件的想法。

範例：我是一個「成事不足敗事有餘」的人。

這件事情後來引發你什麼樣的情緒？或是採取了哪些因應行為？

範例：在嘗試新的事情時我會覺得焦慮，在失敗時會覺得自己不僅沒有能力把事情辦好，還會把事情弄得更糟。

看著在第二點所寫下的想法，想一想它是否有不合理的地方？

範例：同學針對的只是我沒有寫好海報這一件事，不是所有的事情。

再看一次你寫下的事件，試著找出一個跟原本不一樣的想法。

範例：並不是每一件事情我都是成事不足敗事有餘；即便是失敗，其實也只是意味著需要多一點練習，之後就能做好。

將這個新的想法寫下來，再將它變成一句話，成為你對這件事情的新信念。

範例：失敗是單一事件，不是我的特質。

或許你會覺得這個練習有些困難，不用擔心，這很正常。從發現「成事不足敗事有餘」這句話對我的負面影響，到意識到這句話不代表全部的我，著實花了不少的時間。後續即便好不容易產生新的信念，還會面臨到：「不是已經駁斥了？怎麼原本的信念又浮上來攪局」的狀況。這都是必經的歷程，因為與自己對話是一個持續性的練習，同時大腦也需要時間改走那條新的信念之路。但只要開始了，就不要停下來，因為每走一步，就更多認識自己一點，就離成為自己的好朋友，又更靠近了一點！

第六堂課——讓心靈飛翔，愛上全部的自己

如果用一個顏色來形容你，那會是什麼顏色？

以前，我常用白色形容自己，因為在與人的互動中，常會得到「跟妳說什麼妳都相信耶」或是「妳實在沒什麼心機」等回饋；如今，我常用紅色來形容自己，因為在家庭、工作中，我都努力讓身旁的人感受到熱情與溫暖，也很喜歡自己被看見、被欣賞的時刻。

然而，在白色與紅色中間，其實還有許多不同顏色的自己，有些難得出現、有些則被壓抑在角落裡。

這些描述自己時的各種色彩，如同我們每個人都有許多不同的面向，隨著年

齡增加，有些特質轉化了、有些特質隱藏了，而有些則屹立不搖堅持在那裡。不論我們喜歡或不喜歡哪些特質，他們都是屬於我們的一部分。

此時此刻，邀請你拿一支筆，和一張橫向擺放、A4大小的白紙，跟著我一起做一個「撰寫年齡樹線圖」的簡單練習：

1. 在空白紙張的正中間，畫上一條橫線。
2. 思考一下自己人生各個重要的階段，如何用年齡來劃分。
3. 在數線上標註這些年齡的時間點。
4. 在時間點下寫上那個年齡的「分水嶺事件」。
5. 在每一個年齡段，寫下對當時自己的特質描述（正面的特質寫在橫線上方，負面的特質寫在橫線下方，上下都必須寫到至少3個特質）。

在我自己的年齡分段中，幼年時期是很快樂的，由於蘋果般的臉上有著一對圓圓的眼睛，加上口齒清晰，小學前的我很受家人、幼稚園老師的喜愛。然而，上了小學之後，由於喜怒形於色的個性，常聽同學說我「恰北北」，使我覺得自己人緣很差而感到自卑，並一直延續這樣的感受直到高中時期。

高中時的我，不僅嘗試各種瘦身方法，想要擁有更好的外型、更受人歡迎，也非常期待能談一段戀愛、感受到被愛。

到了大學時期，直到入社會工作，漸漸發展出體貼、敏銳、開朗熱情的特質，但卻也在與人的關係中顯得討好而無法表達出內心真實的感受。

進入婚姻後，有好多年時間，在兩人的關係中犧牲自己、追求完美，卻常在感到不被愛中十分委屈。

直到三十多歲開始創業後，驚喜的發現自己有自信、精準、具有領導力的一面，也學習去接納自己，那些似乎不怎麼亮麗的過去。

人難免會有喜歡自己的部分，和不喜歡自己的部分。然而，無論是優點、缺點，正面特質、負面特質，光明面、黑暗面，都是你最寶貴的資源。與其花費力氣抗拒、掩藏某部分的自己，或是在無預期下出現某些面對自己而感到巨大羞愧和自責的時刻，不如放輕鬆多去認識自己，仔細思考屬於自己的每一個特質對自己的意義，欣賞與接納它們的存在，並決定何時顯露這些特質，以及調整它展現的程度，所有的特質都將為你帶來豐富且獨特的寶藏。

我的工作性質常會遇到深陷人生低谷的人們，求學時期曾被排擠、討厭的經驗，成為我助人歷程中最好的養分，使我更能體會被孤立、絕望，甚至厭惡自己的感受，以至於在陪伴對方時，可以少一些批判、多一些接納。

也因為曾走過「漸漸愛上自己」這條路，深深知道過程中的矛盾與掙扎，而更疼惜自己現在為生活所付出的努力，並珍惜身旁的人對生命中的挑戰所展現出的勇敢。

再次邀請你進入下一個練習：

針對每個時期的自己，選出3個最具代表性的形容詞／特質。

針對每個時期的自己，寫下你對他／她的感覺。

寫下對於未來的自己有什麼期待。

在敞開心胸觀看自己的各種面向之後，祝福你能接納自己、喜歡自己，如此，你才會有開放的心胸去喜歡別人、接納別人，看到別人的某些行為也不再那麼輕易地浪費心力去生氣，而有更多的精神、時間與能量去做自己喜歡做的事情。

祝福你能花更多一些時間繼續觀看自己、聆聽自己內心的聲音，因為你是值得被愛的，當你不斷打開自己的心、跟自己好好地相處，你會發現自己是多麼有價值、多麼可愛的一個人。

第四章

外找
優質連結

一句話說得合宜，
就如金蘋果在銀網子裡。
——聖經・箴言25：11

主動給予愛與欣賞，形成正向迴圈

開心的家族旅遊，三姊妹與二姊生的女兒們同住一間房。到了早晨，三姊妹中的小妹，穿了件與平時風格不同的新衣服出現，獲得兩位姊姊的稱讚，心中正竊喜不已時，兩位外甥女中的大姊露出不以為意的表情，這讓身為小阿姨的小妹馬上展開攻勢，詢問外甥女：「小阿姨這樣不好看嗎？不夠時尚嗎？」外甥女點點頭。

小阿姨不死心地問：「那，妳大阿姨的穿著如何呢？」外甥女回答：「普通。」看看大阿姨的穿著：黑色T恤加上牛仔褲，配上夾腳拖鞋，確實是普通！為了確認外甥女的時尚眼光，小阿姨決定把目標轉向二姊，也就是外甥女的媽媽，問外甥女：「那妳覺得媽媽穿得如何呢？」外甥女想也不想，迅速回答：「很時尚！」

小阿姨頓時覺得青天霹靂、目瞪口呆，因為她的媽媽穿著一件居家棉質上衣，搭配一條再簡單不過的短褲，戴著近視眼鏡的她，正呵呵笑地望過來、笑容滿面。小阿姨覺得不可思議，明明姊姊穿得不怎麼樣，連問兩次外甥女仍以「很時尚」來回答。而這樣的回答，讓姊姊心花怒放，展現出身為母親才有的自信與獨特光彩！

當生命中有一位全心喜愛你、崇拜你、信任你的人，無時無刻對你投注欣賞及肯定的眼神和言語，無論你是否符合世界或所處環境的標準，他仍舊給予肯定和欣賞，真的會讓人散發出那難以言喻的光芒和自信，進而發展並展現出更美好的自己。知道自己是被喜歡的、被欣賞的，會愈發有安全感，也愈有勇氣和自信對他人展現自我、伸出友誼與關懷，形成一個正向迴圈，讓自己隨時處在一個愉快、充滿能量、自信的環境中。

日本科學家江本勝博士做了幾百萬次的水結晶實驗，收錄在他的著作《水知道答案》中，實驗結果發現：如果對水說「愛與感激」的話，在顯微鏡下，水的結晶呈現出漂亮的幾何圖案。如果對水惡言惡語，或者在裝有水的瓶子上貼上「混帳」、「恨死了」等負面詞彙，接收到「怨恨、痛苦」的水結晶便呈現出醜陋、雜亂的圖案。

這個實驗結果震動了全世界，水結晶實驗反映出——精神和物質是相通的。這個實驗也反映了當人們長期接收愛與感激的話語時，愈能流露出和諧、喜樂等正向能量。而愈是接觸這樣的人，自己也能收到近朱者赤之效。

你身邊有這樣一個完全欣賞你、肯定你、支持你的人嗎？如果有，恭喜你，不論外在環境如何困難、險峻，對你來說，這些考驗只會讓你的生命長出愈發美麗的花朵。如果沒有欣賞你的人，仍舊要恭喜你，因為你知道自己可以去接觸這樣的人，與之成為好友，或是讓自己成為有這樣特質的人，讓人渴望主動與你結識！若讓愛與感恩充滿在你我的生活當中，自己與他人都將更為美好。（文／江明璇）

常說帶著愛與尊重的「九句話」

當問到：「上一次你跟老人家聊天，聊了什麼？」這個問題時，很多人的回答都是「您吃飽了嗎？」「昨晚有睡好嗎？」……用這些噓寒問暖傳達我們對長者的關懷，但也容易在一、兩句回答後畫下句點。

身為長者的家人，我們常對於長者「吃得少」、「沒活力」、「不想出門」感到苦惱，卻找不到有力的方法，為長輩的生活加入新鮮感與愉悅的氣息。聖經上有一句話說得真好：「一句話說得合宜，就如金蘋果在銀網子裡。」（箴言25：11）與長者相處的時光，除了生理上的協助之外，心理上的照顧也非常重要，而我們所說的話，可以為長者帶來更多的信心、溫暖，以及不同的眼光，使他們從心裡感覺到力量。下次跟長者說話時，嘗試用以下這九句話，你會發現，持續這樣與長者對話，他們會展現愈來愈多的笑容和光彩！

您的話真有道理：現代科技日新月異，新知透過網路快速竄流，年輕人常跟長輩說「您過時了啦，現在不像以前了……」長輩也強烈感受到「跟上時代」是件不容易的事情。然而，長輩數十年來累積的人生閱歷與經驗，是非常寶貴的「軟實力」，耐心聆聽、細細品味之後，長輩的話必定使你有收穫。說出你對長輩人生經驗的肯定，將使他們再次看見自己獨特的價值。

您可以的：一句簡單的「您可以的」，有著難以言喻的力量。無論在任何年齡、任何時刻，我們都需要從他人的信任中得到肯定。熟齡階段常有許多失落同時發生，包含視力、聽力、體力的退化，使長者容易感受到「我不行了」。此時，若身旁有人用堅定的眼神、肯定的語氣告訴長者：「您可以的！」將使他們再次努力嘗試，克服老年生活的不容易。每一次挑戰成功，即便只是多跨出一步，都將帶來無比的喜悅與成就感。

我想聽您說話：當我們表達出對一個人的「好奇」與「感興趣」時，也傳達出對一個人的喜愛，如同我們談戀愛或追星時，會想要知道對方的一切。除了日常生活起居的問候之外，可以跟長輩一起欣賞他們珍藏的照片或收藏品，並告訴他們：「我想知道您的故事。」這不僅能使長輩感受到被愛，說話的過程也能使他們的腦部活化！

我想念您：感受到歸屬感與被需要，是人不變的需求。隨著年齡的增長，社會參與很可能隨之減少，角色的改變，讓老年人質疑自己存在的價值。當兒孫都為工作、家庭忙得團團轉時，長者除了想念家人陪伴在身旁的美好時光，也不禁感受到自己不再重要，因為家人很少花時間在自己身上。此刻就拿起電話，打個電話告訴家中長輩「我想念您」吧！即使不得空回去陪伴，這句想念一定能讓長輩感受到你溫暖的心意。

謝謝您：「謝謝」表達了肯定對方所付出的心意，也表達了尊重。當長輩說：「要穿暖一點啊，別著涼了！」或是「別太晚睡啊，身體會壞掉」時，別嫌他們囉唆，也別回一句：「我知道啦。」面對長輩、帶著微笑，好好地的說句「謝謝您」，這將使彼此所傳達的善意都大大加分。

您很有力：聽見長輩說話時，告訴他們：「您的聲音很有力，中氣十足。」握著長輩的手時，鼓勵地說：「您的手很有力量。」陪伴長輩走路時，肯定地說：「您的腳很有力，走得真穩健。」我們的言語帶著力量，與其搶著幫長輩做東做西，陪伴在他們身旁、強調他們仍很有力量，將使老人家重拾信心，發現自己比原本以為的更能面對老年期的諸多挑戰。

您對我很重要：當長輩說起過往種種，或津津樂道兒孫小時候發生的事情時，別急著說：「這個您講過一百遍了。」試著換個角度聽長輩的故事，你會發現他們的英勇事蹟、他們的毅力與勇敢，能對你的生命帶來許多啟發。

長輩在你兒時無微不至的照顧，使你成為現在的你。認真的告訴長輩：「您對我很重要，因為您的榜樣，使我不害怕現在的困難；因為您的愛，使我心中有滿滿的能量。」請勇敢大方地說出「您對我很重要」這句話，因為長輩很謙虛、很認分，你不說，他不會知道你心中抱持這樣的想法。

我愛您：或許聽到「我愛您」時，長輩會不知所措、不知如何回應，因為不習慣這樣的表達方式，但是，不管回應的方式為何，「我愛您」這句話總是充滿了神奇的力量，使長輩想起時，臉上出現會心的笑容，感到孤單時，可以因著這份愛而感到溫暖。

我陪您：我們可以帶給長者最珍貴的禮物，就是陪伴。再昂貴的禮物、最先進的科技產品、美味的食物，都比不上你在他們身旁、花時間與他們在一起。當長輩說：「聽說那部片很好看」、「好想念那間館子的菜」、「好久沒去那裡走走了」時，告訴長輩：「我陪您。」相信這句話聽在他們耳裡，必定甜在他們心裡。

下次與老人家在一起時，試著對他們說這九句話，每一句都不難，每一句都帶著尊重、愛和肯定的力量，這些話將如金蘋果一般，落入長輩那因你而閃閃發亮的心裡。而不只是對長輩，若對身邊親近的親友也能常說這九句話，彼此的關係也能漸入佳境。（文／康思云）

尋找回憶裡的正向情緒、經驗與感受

每每聽到人們對長者的描述，總能聽到這句：「怎麼講都在講過去，我都聽了幾百遍了……能不能說點新的？」「都在抱怨，難道沒有好的過去嗎？聽久了、聽多了都煩了！」「要老人家不要再講了，似乎不近人情，但聽多了，自己的心情也會變得愁雲慘霧」……在跟長者聊天時，到底要怎麼做，才能讓這個聊天過程帶給雙方美好的互動，建立更加親密的關係呢？

不斷開啟新話題：當發現長者要開始說重複的痛苦回憶或抱怨時，趕緊丟出新的話題，像是自己最近學了什麼新玩意、社會上發生的新知與新消息、隔壁鄰居的近況和生活大小事等，轉移老人家的注意力，同時讓他們與社會保持連結、不脫節。

努力同理情緒，耐著性子聽下去：不論長者說了幾遍，嘗試將每一遍都當成是新的，提醒自己同理對方的情緒，運用各種方式增加自己對這段談話的好奇心，適時丟出一些疑問，幫助他們有機會整理自己的想法和感受，同時告訴自己要耐心聽完，不要面露難色。

陪伴尋找回憶裡的正向情緒、感受和經驗：從「人類的記憶與情緒之間的關係」研究中發現，人類的抽象思維——如正直、勇敢等帶有理性判斷的思維，是儲放在額葉中；情緒中樞——掌管憂鬱、害怕或快樂等情緒，則位於原始腦中。

原始腦與掌管嗅覺、味覺、聽覺的感覺腦很接近，但卻與額葉距離遙遠。要想讓情緒變好，只能間接的透過嗅覺、味覺、聽覺，一步步接近情緒中樞，再透過美好感覺來將情緒帶至正向。

因此，當長者又再次談起自己的痛苦過往時，問問他們：在那個時期支持自己度過痛苦的人、事、物為何？這個人為自己做了甚麼？帶給自己什麼正向的感受和影響？幫助長者找到感恩的理由。或是運用一個正向的感官經驗與回憶，來帶動長者的情緒，引導出美好的感受。不管你選擇哪一種方法，都只有一個期待：美好的互動，建立親密的關係。

《商業周刊》第一一七三期專題報導中提到，美國舊金山州立大學心理學副教授瑞安．豪威爾（Ryan Howell）表示：「一個人如果以積極態度享受快樂回憶，他的生活滿意度將高出許多，不用尋求外力，就能自己創造安慰與安全的來源。」

也就是說，如果一個身體有病痛、殘缺的人，他的心理和情緒是正向的、健康的，在面對生活上的各種挑戰、風暴來臨時，與身體健康但心理憂鬱的人相比，更能順利度過困難及不順心的時刻，對生活的滿意度也較高。

因此，如何持續從自己的回憶裡找到快樂的情緒，是重要的。換言之，回憶很重要，如何好好整理回憶更是關鍵！若有人願意陪著你述說你的過往，除了把心中的苦毒和怨恨一股腦發洩出來之外，請嘗試著找尋事件發生當下的正向經驗和回憶，引出美好的感受，讓自己好過一些。

當人們在回想過往經歷時，若能記得正向的內容多於負面的片段，又或記憶經過時間的流逝而被美化，回想過往時體會到比實際情況加倍幸福的感受，就能提升自我療癒的能力，這種過程就是玫瑰追憶（rosy retrospection）。正如已故老牌演員萊文特（Oscar Levant）所說：「幸福不是個人經歷過的事，而是個人記得的事。」

希望你記得的是幸福、快樂的情緒和感受，而非久遠之前那難以釋懷的苦痛，試著尋覓玫瑰追憶，讓自己的生活充滿安慰與安全之感。（文／江明璇）

五個小用心，大方傳達我愛你

許多工作中熟識的朋友，不時會用羨慕又帶著點嫉妒的口吻對我說：「妳真會哄老人家，我就沒辦法像妳這樣……如果我能像妳這樣，我爸媽一定會很開心。」剛開始聽朋友這些話，不以為意；聽的次數多了，不禁開始想，朋友們口中的「哄老人」到底指的是什麼？這些「說」了或「做」了就會讓老人家開心的互動方式，到底有哪些？

人與人的互動秘訣沒有別的，唯有真心。然而，除了真心之外，還需要用心。在與長者互動時，加點小用心，就能將愛暖暖地傳達給對方。以下幾個動作簡單、不需花錢，更不必費時，隨時都可以進行，不妨一起試試吧！

見面或道別時，來個五秒鐘的擁抱：見到彼此時，與其說「見到你真高興」，不如來個大大的擁抱，一秒鐘的擁抱太倉促，五秒鐘的擁抱剛剛好。無需言語，光是擁抱便能傳達相見前的思念，以及道別時的不捨，還有對相聚時光的珍惜與喜悅。

說出對方的一個優點：熟悉的人相處在一起，總是很容易看到對方的缺點。這是因為我們眼中的缺點，往往是對方難以改變、我們不容易接納的行為與動作，每看見一次就更加深印象，最終變成「這個人就是這樣」的怨念。至於對方的優點以及對我們的好，則因經年累月而變成習以為常，感受不到驚喜、也忘了要感謝對方。

換一顆細膩的心、換一副正面的眼光，就算只是小優點也大聲說、仔細說：「每次看你穿這件麻料襯衫，就覺得你真有品味。」「你的四神湯是全世界最好喝、最道地的四神湯！」「你的笑聲真好聽，讓人聽到心情也跟著振奮了。」每次見面，別忘記說出你心中的一個肯定、一份欣賞、一句讚美，不僅聽在對方耳裡，更笑在對方心裡。

說說曾一起共度的快樂時光：情緒是非常主觀的個人經驗，我們能記得與某人在一起時的快樂心情，卻無法確定對方當時的感受是否和我們相同，是否跟我們一樣享受共度的時光。在平凡日子的嘘寒問暖中，偶爾主動說起某年某月的某一天，兩人一起度過的快樂回憶，不僅能將兩顆心帶回美好的那一刻，也是在告訴對方，我是多麼喜歡和你在一起。

為對方捏捏肩膀、抹個護手霜：當我們被親愛的人碰觸時，不僅能感受到被關愛，也再次感受到自己的存在，以及和對方的連繫。儘管不是年輕小情侶，整天卿卿我我黏在一起，但仍可為對方輕輕地按摩肩頸、順順背，用清香的乳液加上自己手心的溫度，揉捏對方的手，用溫暖將愛的感受傳達給對方。

玩個「彼此對看，看誰先笑」的小遊戲：你有多久沒有凝視對方的臉、端詳歲月在臉上留下的痕跡？不過，突然凝視著對方可能造成尷尬，不如提議玩個「彼此對看，看誰先笑」的小遊戲，不僅能名正言順地看著對方，還一定會笑開懷，再加一條「輸的人要幫贏的人按摩三分鐘」的規定，如此一來，兩個人都能樂在其中。

在擔任藝術社工的生涯中，常被人與人之間深深的愛所感動。聽人們述說著動人的故事——有的愛，深深藏在心中；有的愛，從不曾說出口；有的愛，包裹著層層的責任和「應該」，直到所愛之人不在了，才漸漸浮現心頭。

董宇正牧師在一次關係經營的講座中說到：「人與人之間最美的關係，是我愛你，而且我知道『你知道我愛你』。」沒有傳達的愛，雖同樣無價，卻少了被愛之人「因為知道自己被愛」而帶出的那份喜悅和自信。讓我們用點心，不僅愛，也讓對方知道「我是被愛的」，主動在愛的相知中帶出更豐厚而溫潤的關係。（文／康思云）

練習 7
找到對方的「愛的語言」。

在我們身旁，不難發現關係緊張的親子、冷漠疏離的夫妻，細細觀察你會發現，他們並非不愛彼此，而是各自用想付出與接收愛的方式與對方互動，即使時常碰壁，也沒有發現彼此的愛的表達語言無法溝通。

若你曾在國外點餐，可能遇過雷同的經驗：偷偷觀察隔壁桌或前面點餐的客人、努力對比菜單，再用不流利的語言跟店員雞同鴨講，為的就是點到真正想吃的菜。那麼，在與親近之人的相處中，我們是否也願意細心觀察、努力嘗試，讓對方能聽懂我們的愛的語言，也學習用對方習慣的方式，傳達愛意？

每個人愛的語言都不相同，與其沒頭沒腦質問對方：「你的愛的語言是什麼？」不如仔細回想，對方在什麼情境下會表達不滿，並表示自己「感到不夠被愛」，從對方的需求或抱怨來理解，是一個很好的觀察點！

舉例來說，若對方愛的語言是「肯定的語言」，你可能曾聽他這樣說：「你已經很久沒跟我說過『我愛你』了」，或是「你剛剛讚美那個誰很漂亮，那我呢？」

若對方常說的是：「我累了一天回到家，也沒有一頓熱騰騰的飯可以吃……」或是：「家裡每天都被弄得好亂、孩子的功課要看、洗碗槽裡還有一堆碗盤，都沒有人要幫我一下！」那麼，「服務的行動」是對方所需要的愛的語言。

若愛的語言是「接收禮物」的人，會在特殊節日或紀念日時，特別介意所愛之人是否有特別為自己預備禮物，若沒有，就會顯得十分落寞，甚至生氣。

需要「精心的時刻」的人，則在意對方是否有用心安排兩人如何一起度過紀念日，即使一起去吃了一頓大餐，也有可能會說：「我要的不是吃昂貴的食物，我想要的是你好好跟我說話、一起散散步。」

若你所愛的人會因為兩人沒有親密接觸，顯得情緒低落或表達「我覺得你已經不愛我了」，那麼「身體的接觸」是對方重要的愛的語言。

請回想一下，對方常為了什麼事情感到不滿？又常有哪些抱怨呢？

依據對方所表達出的需求，你覺得屬於對方的「愛的語言」是什麼？

人與人之間最難能可貴的，就是我愛你，而你也愛我。若兩個彼此相愛之人，都努力地在向對方傳達愛意，卻因為彼此

「愛的語言」不通而爭吵連連、誤會不斷，甚至倍感壓力，那該有多可惜。下次，在付出愛與接收愛之前，先花一點心思讀懂對方的愛的語言，讓我們能在舒服且無礙的狀況下，彼此相愛。

用音樂「振」出你我新關係

在某堂藝術創作課堂上，大夥正埋首在自己的創作中。面對一片寂靜，老師從手機的推薦歌單中，點選了九〇年代的經典歌曲。當音響緩緩流出熟悉的音樂聲時，突然聽見一位同學跟著音樂聲哼哼唱唱的聲音。我正想循著哼唱聲來搜尋聲音的主人之際，不同的哼唱聲此起彼落，頓時整個課堂宛如成為小型演唱會現場，大夥一邊唱著、一邊創作著。

當音樂聲停下來時，有同學跑去跟老師小小聲地說：「老師，音樂沒了，可以再播放新的音樂嗎？不然，我們做不下去……沒有靈感啊！」老師大聲問：「大家想聽什麼呢？張學友的歌好嗎？」在場學生異口同聲地說：「好！」

接著，又進入了演唱會模式，愈來愈多同學加入哼唱的行列，或者開啟了回憶的話題，分享當年聽到這首歌曲時的點點滴滴。透過音樂，課堂上的人們帶出了彼此間的共同記憶和經驗，讓人在短時間內連結了關係、拉近了彼此間的距離。

為何會產生這樣的共鳴？研究發現，人類的聽覺器官裡的每一條聽神經，都只能接收一種頻率的音響。我們平常聆聽的音樂，是屬於一定頻率的聲波振動，當我們聽到音樂時，會與體內的各個震動系統產生「共振」，這也是為什麼我們聽到熟悉的音樂會跟著哼唱。

原本不相識的兩個人，因為一首歌而找到了共同點、共同經歷，進而感同身受，開啟了話匣子。由於音樂而挑起了心中最柔軟的一方園地，看見對方的真情流露，讓情感有了交流的機會。怪不得辦得成功的活動、拍出口碑的影像紀錄，都有專屬於該活動或影像的主題音樂，讓人一聽到音樂就能聯想到活動或影像的精采片段。

人與人之間的互動及生命歷程，其實也充滿了聲音和音樂，嵌入記憶一同儲存於大腦中。有時候，僅僅靠著聲音和音樂，便能將不完全的記憶全然想起，或是激起情感而建構出不同的關係和情誼。若你想要結識新朋友時，試著從音樂著手吧！一起去聽一場音樂會、看場電影，或是聊聊印象深刻的歌曲，用音樂來交朋友。或者某天你想要努力回想起一段記憶時，可以從當時所聽的音樂來找尋蛛絲馬跡！（文／江明璇）

練習8
具體行動，為對方加值。

先前提到的暢銷作家約翰．麥斯威爾，撰寫了超過六十本書，撰述內容主要專注在領導力，他認為「領導最重要的事，就是如何為別人加值（add value to the others）」，並提出五項為人加值的具體行動：

行動一：每天都看重別人
行動二：每天都想辦法為人加值
行動三：每天都尋找為人加值的不同方法
行動四：每天都付諸行動為人加值
行動五：每天都以鼓勵人為人加值

現在，我們就跟著這五個約翰．麥斯威爾所提出的具體行動來練習，為身旁的人們加值吧！

我們在生活中常有一些被服務的時刻，久而久之習以為常，例如：便利商店的店員為你煮的那杯咖啡、家人每天幫忙洗的碗與衣服、倒的垃圾……。由於日復一日的行為，而忘了感謝對方、肯定對方的付出。當我們拿到熱騰騰的咖啡時，可以回給對方一個感謝的微笑，告訴他：「謝謝你的咖啡，為我開啟香醇的一天。」

在你的生活中，有誰常為你付出，又常忘了跟那個人說聲感謝？那個人為你做了什麼？現在就想一想，下次見面時，你可以說些什麼話來為對方加值？

除了真心的微笑、一句發自內心的感謝之外，一張讚美的小卡、一杯加油打氣的咖啡，一則短而溫暖的簡訊，都是為人加值的好方法，請發揮創意，想想可以用什麼方式來為身旁的人加值？

傾聽就是愛，

了解中有醫治。

——知名臨床心理學家黃維仁博士

在溝通中傾聽，用愛與對方交流

飯局中，大人們談話談得認真，朋友的四歲兒子吃飽後坐立難安，先是拉著我去看餐廳裡的水族箱，盯著游來游去的魚，問了一些關於魚的問題後，又拉著我的手要去外頭看車子。我與小男孩坐在餐廳門口的長板凳上，開始了我們的對話。

從對著馬路上往來的各式車輛興奮大叫，到後來看到公車上的電影海報，小男孩打開了另外一個話題：「我最近看了復仇者聯盟三，裡面有綠巨人浩克、美國隊長……」在念出每個英雄的名字時，還配上該英雄的招牌動作。就在他又說又演的時候，他問我：「那妳最近看了什麼電影？」我思考了一下，回答他：「嗯，我看了一部電影，叫做《在咖啡冷掉之前》。」

他接著問：「那電影是在講什麼啊？」當時我深呼吸一口氣，歪起頭，思考著有什麼適當的詞彙可以讓四歲小孩理解，一部可以讓我大哭四遍的日本文藝電影。待我概略說出電影的主軸後，他點點頭，表示理解，結果又繼續說道：「我喜歡看半獸人！半獸人長這樣……」在他模仿完半獸人後，他又問我了：「那妳喜歡看什麼電影？」

我思考該不該誠實跟他說我喜歡的電影，因為擔心解釋不來而猶豫了一會兒，後來決定還是直說：「我最近喜歡的電影是《後來的我們》。」當然，男孩又再次問我：「那這部電影是在講什麼啊？」我再次拼湊適當的詞彙，努力讓四歲小孩理解愛情文藝片的內容。就這樣一來一往，我們聊了整整一個小時，直到大人們的飯局結束。

朋友好奇自己四歲的兒子，到底能不能理解我所分享的兩部文藝片，於是問兒子電影在說什麼？

「在咖啡冷掉之前，就是有一個咖啡廳，裡面有一個座位，閉上眼睛，就可以見到想見的人，但要在咖啡冷掉之前喝掉，不然就回不去了。」孩子回答。我和朋友對視，驚訝於孩子精準的節錄重點能力。

朋友接著問：「那《後來的我們》在講什麼？」孩子說：「就是有一個男生跟一個女生，他們小的時候在一起，之後吵架就沒有在一起，後來男生娶了新的女朋友，不是娶那個女生，最後他們見面的時候，就很傷心。」孩子的詞彙與理解力再次讓我們驚呼連連。

朋友接著說，其實他更佩服的，是我怎麼能跟一個四歲的小男孩聊這麼久，而且是有內容的聊天。讀這本書到此的你應該知道，我的職業非但與小孩沒有關係，還剛好恰恰相反——是專門服務老年人的藝術社工師。在我的工作中，常需要與長者對話，在對話互動中更深入認識長者的生命歷程與感受。

常有人問我，我與老人家的年紀差距有半個世紀，相差這麼多歲，如何能聊得有話題？甚至能進到更深入的對談裡，引導長者思考存在已久、卻未曾被好好看待的感受或想法？

我之所以能引導有品質的溝通對話，來自於全心全意的傾聽。關於傾聽，知名臨床心理學家黃維仁博士是這麼說的：「傾聽就是愛，了解中有醫治。」我相信無論年紀多寡，身為一個人的根本需求，就是感受到愛。如何向一個人表達你對他的愛？就是願意把你的時間，花在與他的對話上，專心的聽，在過程中以他的角度去感受他的話語，並且將你的感受，真誠的分享給對方。聽起來似乎不難，但蘋果創辦人賈伯斯曾說：「簡單才是最困難的事。」

傾聽是回歸到最單純的狀態，將對方視為一個「人」，不分年紀與何種狀況，在你專注傾聽的當下，傳達你的愛給對方，而當對方感受並接收到這份愛時，對方就能好好地接納自己、表達自己，往更一致的自己邁進。

而與自己的一致性是身為人的最終目標——成為一位真正接納自己、喜歡自己的人。而僅僅是透過傾聽，便能在溝通中創造愛的流動，讓彼此感受一致性溝通所帶來的療癒感受。（文／彭恩寧）

三項關鍵，讓溝通有愛無礙

「我來上這個課的原因，是因為我常跟女兒吵架，她總是嫌我煩，但我覺得我只是在關心她！」課堂上，一位媽媽分享自己來上課的原因，停頓了一下，她繼續說：「所以今天，我也把我女兒叫來一起上課！」她指著坐在身邊不斷滑手機的年輕小姐。

「對啦，我就是那個愛跟我媽吵架的女兒。」她聳聳肩用這句話說明自己在這裡的原因，語氣聽起來很無奈。

「媽媽請妳來就願意來，真的很不容易耶！」我微笑回應。

課堂中的「媽媽們」點頭如搗蒜：「要是我家兒子就不可能叫得動啦！妳女兒願意來已經很好了！」坐在這對母女對面的一位媽媽有點羨慕地說道。

「生命裡沒有比『有效溝通能力』更重要的東西。」美國第三十八任總統傑拉爾德・福特（Gerald Ford）如此說。若搜尋與「溝通」有關的書籍，幾秒時間便跑出兩萬多本中文書籍，可想見人們對於溝通的渴望是何等熱切。但這麼重要的一件事情，我們卻不曾在求學過程中得到應有的教導，導致常在傷痕累累後，才去找方法，才了解原來有些傷可以少受點，甚至可以避免。

在此提供幾項溝通關鍵：

聽明白

溝通第一步，從「聽明白」開始。你說，這有什麼難？囝仔人有耳無嘴，從小誰不是被教導要乖乖聽話？但你是否發現，我們在聽的同時，常會下意識把自己的想法或偏見加了進去，導致我們聽到的並不是對方要表達的意思，而是我們認為的意思，所以我們真的「聽明白」了嗎？

如何聽懂對方所想說的話與想傳達的意思？課堂中我請學員兩兩一組演練，一位分享最近遇到的溝通困難，一位運用課堂所提醒的「聽明白」技巧擔任傾聽者。

「我發現，他真的有懂我耶！」「我覺得很被尊重，這個感覺很舒服。」「好久沒有被別人好好傾聽，我覺得很受安慰。」分享者依序分享著自己在過程中的感受，而傾聽者紛紛睜大眼睛，有一位忍不住說：「我覺得我沒有做什麼耶！就是好好的聽他說而已啊！」

「這樣做，就很足夠了。」分享者微笑回答。傾聽者如何打造出讓分享者愉悅的時光？其實，我只是請他們好好地聽，在聽完後用一句話簡單回應剛剛分享者所說的「事件」，找出他的「情緒」，最後核對是否是如他所說。

而來上課的母女檔分別在不同的組別擔任分享者，在練習後回到課堂中，傾聽者輪流說出對分享者的回應：「妳是說在和女兒講話時，常常會被打斷或是被誤解意思，這讓妳覺得很難過，是這樣嗎？」母女檔的母親點點頭。「妳的意思是，媽媽常會覺得這樣才是對的而不願意聽妳的意見，使妳很挫折，我聽對了嗎？」女兒點頭說：「沒錯！就是這樣！」母女互看了一眼，噗哧笑了出來，分別從別人口中聽到自己與對方的心聲，這體驗可是前所未有呢！

說清楚

溝通第二步，從「說清楚」開始。什麼叫做說清楚？過去我們常會帶著「期待」說話，期待只要講個關鍵字或是開頭，對方就能明白，然後做出我們期待的行動。但事實上，沒有人「應該」是誰肚子裡的蛔蟲，想讓對方聽懂，就要學習把話「說清楚」。但方法絕對不是：「好啊！我就說清楚給你聽」這個吵架時的氣勢，而是回到自己身上，先感受自己的情緒、想法。

到底發生什麼事？而這件事情我的感受是什麼？再想想這件事情我原有的期待為何？感受之後，請把原本要用「因為你……」「若不是你……」這對準對方的炮口朝下，深呼吸，換成用「我」來開始說話。

「當我發現妳拒絕和我說話時，我覺得很傷心，因為我其實只是擔心妳會受傷。」母女檔的母親一字一句慢慢試著說出來。接著她紅著臉不好意思地說：「唉喲！我說得不好啦！」

「妳說得很好啦！」其他媽媽們給予鼓勵的回應。下一個換母女檔的女兒，女兒深呼吸後依然很緊張：「唉呀，我不會啦！」在一旁的媽媽拍拍她說：「不要緊啦！說不好沒關係！練習練習，我剛剛也很緊張啊！」

在深呼吸後，女兒說道：「嗯，當我的想法跟妳不一樣，而妳表現出不認同的時候，我覺得很不高興，因為我長大了，會有我自己的想法，我希望妳可以尊重我。我知道妳擔心我受傷，但生命就是要碰撞後才有成長，就讓我去碰撞吧！」女兒說完，先吐了一口長長的氣，再望向身旁的媽媽。

「溝通最重要的是去傾聽沒有說出的部分。」管理學專家彼得．杜拉克說道。母女倆的訊息中皆透露著一個沒有說出口的訊息，就是：我愛妳，而我也希望妳明白，我是愛妳的。因為愛女兒，所以想要學習溝通拉近母女關係；因為愛媽媽，所以女兒即使很不情願還是來參加這堂課。

多練習

「溝通是一個可以學習的技巧，它就像是學騎腳踏車或打字。如果你願意在溝通下功夫，你可以快速改善生活品質的每一部分。」成功學大師布萊恩．

崔西（Brian Tracy）如此比喻。

母女檔已經開始了她們的練習，那你呢？期待你願意加入練習的行列，在溝通中練習「聽明白」、「說清楚」，讓人際關係因此有新的轉變。（文／彭恩寧）

練習9
聽明白，說清楚。

在日常人際相處中，不論對話與否，我們與他人之間的溝通和互動都不斷在發生。不說話的時候，我們的表情、肢體動作也同樣傳達出內在的訊息，有時因氣惱會產生：「就算講了也聽不懂，不溝通總可以了吧？」的想法，殊不知沒有言語往來的這段時光，對方仍能從我們這方接收到訊息，並用自己的想法解讀著，儘管是沉默，同樣也有著自己的解讀。

然而，對方的解讀未必是我們內心真實的聲音，我們的解讀也極有可能與對方心中真正的想法有一段不小的距離，誤會或執念，就在這無聲的一來一往中產生了，甚至造成難以跨越的鴻溝或關係裂痕。

其實，我們是在意、看重對方的，無論現在正為著什麼事情對彼此不解、不滿，當任何一方發生危難或病痛時，另一方都是會第一時間心急如焚、跳出來幫忙的人，既然如此，讓

「溝通不良」成為彼此心結的來源，實在不值。

現在，讓我們用一個最近發生的事件，來練習「聽明白、講清楚」。最近一次，你與家人或朋友發生較大的爭執或衝突，是為了什麼事情呢？請靜下心來想想事件發生的過程。

請仔細回想對方說過哪些話，心裡不急著反駁這些話語的內容，而是將焦點放在「對方說話的內容與細節」。嘗試想起或發現「當時沒注意聽到的內容」，並把對方想表達的內容寫下來：

先不論對方說話內容的是非對錯，甚至對事件的理解和認知是否正確，請先嘗試就對方所說的話，推想其情緒與感受，並將它們寫下來：

____________、____________、____________。

接著，回到自己的身上，在這個發生衝突的過程中，自己所在意的具體事件是什麼？對於這個事件有什麼想法和感受？而內心裡又有什麼期待呢？例如：下班回到家看到穿過的襪子躺在沙發和地上，我覺得很疲累和生氣，因為已經跟大家溝通過多次，穿過的襪子要直接丟在洗衣籃裡，我希望大家能把自己穿過的襪子放在洗衣籃裡，而不是由我到處撿襪子。

嘗試改變用「你」為開頭的溝通語句，改為用「我」為開頭的句子（我訊息）來清楚描述自己所理解的事件與想法、感受與期待，讓對方能清晰地接收到我們真正的意思，不需揣測我們的想法，或誤以為知道我們的感受。

請嘗試用「具體事件＋感受＋期待」的句型，用「我訊息」來表達你想說的話。

在嘗試以上的練習後，對於這個衝突事件中的自己與對方，你是否有了和之前不同的了解與發現？溝通是一個需要練習的技巧，值得我們不斷精進、熟練，下次與對方溝通時，別忘了「聽明白、說清楚」。

關係需要耐心等待，用心澆灌

「快看、快看！我的橘子籽發芽了！我澆了好久的水，每天澆灌，都不見它有反應，我本來決定放棄它、不理它了。沒想到，在沒澆水的情況下，連放了好幾天，它居然發芽了！這太神奇了！我好高興啊！」

一位喜好花草的朋友，在某天下班時刻興奮地分享，呼朋引伴的讓經過身邊的人可以親眼見證這個奇蹟，也不斷讚嘆生命的奇妙！爾後幾天，新芽愈抽愈高，漸漸長出嫩葉來，這位好友更是逢人到訪，就把人帶到這株新芽前，再次從頭述說這顆橘子籽發芽的故事。

當人細心呵護、不斷澆灌時，橘子籽不發芽就是不發芽，直到人的耐心用盡，決定放手不理，再也不給任何一滴水時，它才慢慢地冒出新芽來。是什麼原因造成這個結果？難道橘子籽是吃硬不吃軟的傢伙，沒水喝時，才願意探出頭來；有水喝時，生活偏安，就拿翹不理？或是橘子籽太乾渴了，非要等到吃飽喝足，自身能量到達一定的程度後才有能力開始轉變？

造成改變有幾個重要的因素：

信心——相信橘子籽會發芽；

愛與期待——耐心並用心澆灌；

時間的發酵——讓橘子籽自身的能量被聚集並激發；

不同層次的行動——澆水與吸收、停止澆水與發芽。

不管是什麼，耐心等待是關鍵，等候發芽時機的到來。想想，人與人之間關係建立的過程，不也跟這顆橘子籽發芽的過程有著異曲同工之妙？由於對某個人產生好奇、興趣與愛意，因此發動了一連串認識對方的行動，努力表達出對那個人的喜愛與關愛，也期待對方有所回應。

經歷了長時間的累積，兩方開始有了改變，努力付出的一方，一是可能覺得自己的付出得到了回應，進一步發展出新的愛意與行動；二是或許感受到自己的付出石沉大海，因而感到心灰意冷。至於接受愛的一方，可能開始思考自己哪裡值得被愛、被肯定，笨拙地開始學習怎麼回應愛並付出愛，抑或是由於想逃避他人的愛，而時刻處在壓力之中。

相信每個人的心中都有愛人的力量、能力與期待，當與人建立關係時，這個愛人的力量才有機會展現出來，雙方愛人的能力建造了關係的緊密或疏離。緊密的關係讓愛人的力量與能力更加茁壯，關係更堅不可摧；疏離的關係則使愛人的力量與能力委靡，抑鬱寡歡。

你看到愛與關係之間那條緊密的連結線了嗎？讓我們一起從愛出發，用心觀察、思考、行動，打造出美好關係，營造愛的氛圍！（文／江明璇）

不要試圖去做一個成功的人，
要努力成為一個有價值的人。
一個人的價值，在於他貢獻什麼，
而不在於他能得到什麼。

——愛因斯坦

只要一句話，就能提升他人的價值

工作上常會接觸到許多熟齡退休族前輩，我特別欣賞他們認真踏實做出一番事業後，仍然謙和有禮貌的態度。無論遇到何種狀況，他們都表現出從容優雅的風度，回應他人總是成熟且平靜，不失自己尊嚴、也不失對他人的尊重。那是一種由於生命的豐富歷練才得以淬鍊出的內斂，不以大聲標籤來歷來證明自己，而是展現以和為貴、為大目標奮鬥的堅毅。

他們擁有的人生智慧，無論是在專業上或是待人處事上，總是讓我欽佩不已。曾經遇過一位文創產業創辦人，他是從職場退休後又二度創業的資深職場先進。談話間聊到一本新書順而提到了「年齡」，他猜了一下我的年紀，我笑著回報了我的出生年次，換算下來，發現與他的猜測相差將近十歲，並不是照慣例將女性年紀猜小了，而是猜大了！現場的女性夥伴們一片譁然，嘰嘰喳喳的說：「哎呀！怎麼把人家猜老了啊！」而我當下第一個想法是：天哪！是提醒我要去好好保養一番了嗎……

只見他驚訝地看著我，接著很認真的說：「我會說這個年齡，是因為我觀察到妳在會議中表現得十分沉穩，讓我以為妳已經到了那個年紀。」一句話，令我精神為之一振，原來我的一舉一動被他看在眼裡、放在心裡；在他閱人無數的職場經歷中，短短會議中的表現竟然能讓他對我有特別的印象。在晚輩眼裡，這些社會成就斐然的職場前輩們，就像是一個擁有口碑又具有公信力的經典品牌，來自他們的一句欣賞，代表的是一份極具意義的肯定，更加值了自己的價值。

領導學大師、同時也是世界級暢銷作家約翰．麥斯威爾（John Maxwell）對於領導下了一個定義：「領導無關職稱、職位或是流程圖，而是一個生命影響了另一個生命。」當我回想生命中曾為我「加值」的每一位前輩，心中就充滿無限的感恩。他們的「加值」讓我看見「我是誰」、「我有什麼能力」、「我的價值在哪裡」，這是他們給我最寶貴的禮物，深深地影響了我的生命。

愛因斯坦曾說：「不要試圖去做一個成功的人，要努力成為一個有價值的人。」對於價值他又進一步解釋：「一個人的價值，在於他貢獻什麼，而不在於他能得到什麼。」一句真心的肯定，就是最無價的貢獻，能為他人的生命帶來極大的影響力。你生命中有誰曾經為你加值？他們做了什麼而造就現在的你？現在的你，是否也成為一位能為人加值的人？

從今天開始，採取「加值行動」吧！將心中的欣賞具體表達出來，相信你的加值，能影響另一個生命，帶來美好的轉變。（文／彭恩寧）

還在撩妹語？來個逗奶語吧！

曾在偶然的情境下，聽一位在大學工作的朋友提起「撩妹語」，由於話題正當熱門，現場兩位國中生立刻熱烈加入討論，大大引起了我的好奇心。隔天找到空檔上網一探究竟，發現相關的文章、影片如雨後春筍一般，看得我好不開心。其中深得我心的一則是這樣寫的：

男：妳可以幫我完成一個夢想嗎？
女：怎麼幫？
男：妳只要站著不動就好。
女：好啊，什麼夢想？
男：環遊世界。（繞著女生走了一圈）
女：啊？

男：因為妳就是我的全世界。

看完這則，心弦就這樣莫名地被撩動了（笑）。我想，人與人的關係中，帶來最大的滿足感的，莫過於知道自己在對方的心中，有著無可取代的地位與分量。隨著年齡增長，伴隨著親友、老伴的離去或人際圈的縮小，這種「我是你的全世界」的甜蜜感，愈來愈稀有，值得我們主動去創造。

因此，我和新活藝術團隊腦力激盪出幾則逗奶語，邀請你運用巧思融入到日常對話中，為身旁的熟齡族帶來更多會心一笑、心中幸福滿滿的瞬間。

探望長者時

奶：喲～看看，我的寶貝來了！

逗：我來看我的寶貝了！

（每個人聽到自己是對方的「寶貝」，都會很開心，長輩也不例外喔！）

奶：哎喲，你今天怎麼會來？

逗：因為昨天晚上一直想事情，都睡不著，今天就來了。

奶：想什麼啊？
逗：想您啊～～

吃飯／午茶時

逗：外面賣的「蘿蔔糕」，沒有一家好吃的。
奶：怎麼會咧？
逗：因為從小吃您做的「蘿蔔糕」，嘴被您養刁嘍！
（「蘿蔔糕」請置換為您家爺奶的拿手菜）

逗：這家的「梅干扣肉」不錯吃，但跟另外一家比，實在差遠了。
奶：哪家啊？
逗：我奶奶家。
（「梅干扣肉」請置換為您家爺奶的拿手菜）

奶：來，吃一塊肉。
逗：（也夾一塊給奶）一人吃一塊，感情不會散！

奶：今天的水果甜不甜？

逗：一邊看著您，一邊吃水果，怎麼吃都甜。

逗：您有沒有覺得今天的茶不太一樣？

奶：哪裡不一樣？

逗：我們一起喝的茶，特別香～～

閒聊時

逗：我覺得自己長得真是好看，您知道為什麼嗎？

奶：為什麼？

逗：因為我像您啊！

逗：我變一個魔術給您看。

奶：好。

逗：（彈指）答啦～我變得更喜歡您了。

逗：您今天穿這件衣服真好看。

奶：老了啦，沒以前好看了……

逗：人好看，什麼年紀都好看、穿什麼都好看！

逗：您知道最健康又快樂的姿勢，是什麼姿勢嗎？

奶：什麼姿勢？

逗：雙手平舉。

奶：為什麼？

逗：您做做看啊～～（抱住對方），因為可以擁抱！

（這句逗奶語，一定要搭配動作，才會產生效果喔。）

逗：我問您哦，高粱酒和貢糖在什麼地方買啊？

奶：金門。

逗：那，最幸福的門是什麼門？

奶：啊？什麼門？

逗：我們。

奶：乖孫哦，你最乖了！

逗：所以說我最像您嘛！

逗：您知道我喜歡什麼嗎？

奶：什麼？

逗：我喜歡您。

逗：您一定要知道一個事實。

奶：什麼事實？

逗：您是我認識的長輩中，我最愛的一位。

尷尬問題出現時

奶：何時要結婚啊？

逗：找不到像您那麼好的老婆，很難結婚耶……

奶：結婚那麼久了，什麼時候要生小孩啊？

逗：沒把握會成為像您那麼好的父母，不敢生啊……

奶：最近工作怎麼樣啦？

逗：工作嘛，總是有壓力很大的時候。但我找到一個超好的解決方法。

奶：什麼方法？

逗：只要想到您的笑臉，鬥志就都回來啦！

期待在撩妹語之後，也能掀起一陣「逗奶語」風潮，讓平時靦腆的熟齡族也有機會被撩動心弦，露出甜甜的笑容。這個笑容，會讓關係更添美好、樂上加樂，值得一試！（文／康思云）

練習不當句點王的聚焦提問法

不知道你小時候有沒有類似的經驗，媽媽對你說：「等等遇到隔壁阿姨，不要跟她說剛才媽媽說的事喔！」

你問：「為什麼？」

媽媽冷冷地回覆：「沒有為什麼！小孩子有耳無嘴，到旁邊去！」

你只好默默地摸摸鼻子，喃喃自語地說：「媽媽心情不好喔？脾氣那麼大！」

而你小小的心靈，也因為媽媽的斷然拒絕回答而感到受傷。長大後，你是否也發現「為什麼」三個字，常出現在與他人的對話與討論中？

早上起床時，冷風從窗口灌進來，有點不悅地問：「睡前為什麼不關窗啊？」中午吃飯時，問：「今天為什麼吃飯不吃麵？」開車時大喊：「為什麼這樣開車？」買東西時被問：「你為什麼要買這個不買那個？」談戀愛時常聽到：「你為什麼喜歡他／她？」、「你為什麼喜歡我？」拿到薪資時吶喊：「薪水為什麼那麼少？」工作中，主管交代了代辦事項或處理程序後，心中會直覺反應，問：「為什麼？」喝咖啡時，身旁友人詢問：「為什麼不加奶？」急著上廁所時，看到馬桶蓋時納悶：「為什麼不把馬桶蓋掀起來？」……以上種種情境，被問話的人可能常無言以對，或是被問煩了情緒也跟著來了。

日常生活中，「為什麼」這三個字很容易在不假思索之下脫口而出，但往往不一定能得到正確的解答，也無法拉近人與人之間的關係，或是幫助我們釐清問題，反而還可能引發更多的誤會和爭吵，造成關係的裂痕。

「為什麼」這三個字到底有甚麼作用力與反作用力，居然能產生出超乎想像的結果呢？首先，「為什麼」容易帶給人被質疑、被冒犯的感受，當有人問：「你為什麼會這樣想？」會讓被問的人感受到：「我好像不應該這樣想？你認為我的這個想法是錯誤的！你在嫌我甚麼嗎？」此時，人的防衛機轉就會啟動，開始抵擋或小心對方可能的攻擊，因此而產生了「要先發制人」的想法，而營造出彼此針鋒相對的狀況。

從另一方面來看，以「為什麼」為開端的問句，如「為什麼喜歡紅色？」「為什麼做這個選擇？」「為什麼來參加活動？」……是非常籠統的問題，被詢問的人沒有一個可依循的方向來回答，或是不知道問話的人想要知道什麼，因此，在答話時就會傾向以「不知道」、「沒有為什麼」來回答，或是乾脆不回答，對話容易進入句點而戛然而止。

以「為什麼」作為回答或問題的開端，其實是說話者用最省事的方式與人相處和互動，也就是把發話權丟回給別人，讓別人進一步的闡述和說明。但被問為什麼的人，不一定能順利接到球，還有可能覺得自己被這三個字打發了、敷衍了，或者又回到上述兩種情緒和思考中，而影響了雙方的互動，產生負面效果。

好的關係建立要從好的互動開始，而好的互動就需要從與人之間的對話開始累積。若不想成為句點王或是使關係降到冰點，也許可以試著不再用「為什麼」作為問題或話題的開端，而是換句話來問為什麼，更深入地想想，自己想了解的是哪個部分，該怎麼具體地問出想問的問題。

「你為什麼會這麼想？」可以改用「讓你這麼想的原因是什麼？」「發生了什麼樣的事，或什麼人讓你有這樣的想法？」……讓你的問題更聚焦，同時也引導與你對話的人，能更深入地分享他的心情和經歷。（文／江明璇）

你如何面對「已讀不回」？

如今手機已常伴你我左右，Line等各種通訊平台，已經完全融入了我們的人際圈。在使用的經驗中，你是否曾遇到傳了訊息卻被「已讀不回」？熱情分享照片、影片、文章後，對方卻一點反應也沒有，讓你瞬間覺得被澆了一桶冷水？群組中已讀的數字一直增加，期盼大家可以熱絡接話，但就是沒有人回應？這時候的你，心中會跑出什麼對白呢？

以下選項，請憑直覺選一句，藉此了解你是哪種類型的人，也可以將測驗分享給朋友們，看看大家面臨已讀不回時，各是什麼反應，或許能因此了解彼此的想法，進而更體貼彼此在面對「已讀不回」時的心情！

1. 某某某，請解釋一下為什麼已讀不回我，我這樣怎麼能知道你的想法啊？
2. 怎麼可以已讀不回？回個貼圖很花時間嗎？都沒有回應很沒禮貌耶！
3. 為什麼已讀不回呢？我是不是說錯話了？我怎麼可以這麼不小心……
4. 某某某可能是訊息太多了，也可能是當下看了，但是不方便回，然後就忘了吧……

選擇1的你

欣賞你的直爽與積極面對的態度！你是一個很直接的人，有話就說，有事就要處理，絕不拖泥帶水。已讀不回就像是一根魚刺卡在喉嚨，讓你渾身不舒服，因此你當機立斷，馬上移除這討厭的魚刺。

溫馨小提醒：在移除這根已讀不回的魚刺的同時，要注意一下你的語氣喔！在表達時如果將語氣中的「質問」成分降低一些，多加一點「輕鬆」，你的朋友們會更明白你的積極與重視的態度。不然一旦造成誤會，朋友可能會被嚇跑啦！

選擇2的你

你很重朋友，也很在意他們的感受，為了維持好的關係，所以選擇不直接說，但梗在心裡，其實也挺難受。已讀不回就像是門被砰的一聲關上，讓人無法與對方有進一步的接觸，因此你裹足不前不知道該如何是好。

溫馨小提醒：門被關上的原因有哪些？大風吹來時？需要空間時？不小心順手帶上？都是造成門關上的結果。心裡在意代表你對這段關係的重視，如果你願意，可以嘗試將想法表達出來。只不過，請記得在表達想法前，先詢問一下對方，讓對方有機會說明，或許會發現事情跟你原本想的不一樣，因而釋懷喔！

選擇3的你

你是一個心思細膩的人，遇到事情時會先反省是不是自己的問題。別人對你的看法與回應對你來說非常重要。已讀不回就像是一塊招牌，上面寫著「討厭鬼」，因此你帶著害怕縮在角落蹲在招牌下，不斷反省自己。

溫馨小提醒：我多想好好的抱抱你，認真看著你、對你說：「你是可愛的。」你的細膩在在顯示出你對關係的重視。我們不能掌握別人怎麼看我們，但可以掌握我們看自己的眼光。如果你願意，每天給自己一句讚美、一句鼓勵，你會發現自己將會從招牌下的角落裡走出來，踏上街道，看見更多美麗的人事物。或許你也會發現，原來那塊招牌上，並沒有寫著任何字。

選擇4的你

你有一股安定的力量，這份從容與自在，讓你在關係中能與他人保持適當的連結，也保持適當的界線。已讀不回對你來說，就像是一件稀鬆平常的事情，對此你已有一套因應的機制，能安然地處在這個情境裡。

溫馨小提醒：練就這番功夫的你，在面對朋友們各種不同已讀不回的「糾結」時，是一個最棒的小老師。透過你的分享，或許能讓他們對已讀不回有新的看法與因應方式。但也要記得，每個人需要的時間不同，耐心傾聽與陪伴，將會是幫助他們走出糾結的最佳方法。

任何通訊媒體都只是一種工具，不是美好關係的保證。唯有用心澆灌，才能結出美好關係的果實。（文／彭恩寧）

附錄
認識傳承藝術

傳承藝術原名為Legacy Art Work，由美國紐約非營利組織E. S. T. A.（Elders Share the Arts）的創辦人Susan Perlstein女士於一九七九年所設計的一種結合團體工作及視覺藝術創作的方式來服務長者。服務過程結合團體、生命回顧及視覺藝術創作，期待增進長者的人際互動品質和社會參與，提升其生命價值和意義，找回人生的動力。視覺藝術創作活化長者的大腦，有助於延緩老化之效。

此方案由新光人壽慈善基金會於二〇〇三年開始與紐約E. S. T. A.接洽，歷時兩年的評估與規劃後正式引進，為台灣的銀髮服務開創了新的視野。二〇一〇年在基金會的建議與支持下，新活藝術成為全台首家推動創意老化服務之社會企業，致力於提升傳承藝術服務的品質與品牌。

傳承藝術服務，由接受過專業訓練的帶領者於團體中帶領五至七位長者，及一對一陪伴長者的五至七位藝術夥伴（志工），每週進行一次，每次兩小時團體，視課程及開課單位的需要安排八至十二次團體。每次團體按著五步驟進行，讓團體成員熟悉團體的進行方式，幫助團體成員彼此之間建立舒適的友誼關係。

每次團體透過帶領者的引導及藝術夥伴的訪談，幫助團體成員回憶自己的生活過往及說出對未來的想像，透過傾聽、系統性的訪談及回饋、文章式的記錄，使長者有機會整理自己的人生，透過第三人的觀察和敘述，重新定義並詮釋自己的價值和過往，建構自己的玫瑰追憶。搭配視覺藝術的創作歷程，讓長者學習運用視覺藝術創作媒材將自己的生命故事、情緒、感受、經歷呈現在作品中，藉由實體作品達到傳承的概念，將長者的生命經歷、歷史、文化等傳承給下一個世代，成為傳家之寶。

傳承藝術服務也從團體型態的服務模式，增加了一對一的居家服務模式，由訓練有素的藝術輔療師，在優照護平台上為無法外出的長者，提供到府一對一的藝術輔療服務，提升在宅長者的心理健康。在服務對象上，除了六十五歲以上長者外，亦提供照顧者身心舒壓支持團體，幫助照顧者整理自我的情緒、壓力和經歷，找回自身的價值和目標。

非常慶幸在媽媽最後這段人生，我們能一起參與傳承藝術輔療過程，讓我在媽媽驟然離世時，感到沒有遺憾。——家屬，楊小姐

與其說我是陪伴長輩，更該說是長輩在訴說自己的生命故事給我聽！——藝術夥伴，陳秀英

長輩的回憶不是消失，只是不曉得放到哪個抽屜。新活藝術以社工專業，帶長輩找回生命故事。——社企流

解鎖你的記憶．生命故事書重拾青春時光。——安可人生．人文．生活誌

探索心靈、創作人生—為老人療心。——星洲日報

人生回顧療法：長輩的生命故事不能被遺忘，「生命故事書」讓回憶繼續發光。——愛長照專欄

傳承藝術陪爸媽築夢，多聊多聽一起做。——聯合報報導

輕心靈004

愛，需要勇敢
創造幸福感的關係練習

作者／康思云、江明璇、彭恩寧
插畫／康思云
責任編輯／小調編集、蔡川惠
校對／魏秋綢
封面設計／ Bianco Tsai
內頁排版／立全電腦印前排版有限公司
行銷企劃／林靈姝

發行人／殷允芃
創辦人兼執行長／何琦瑜
總經理／游玉雪
總編輯／陳雅慧
總監／李佩芬
副總監／陳珮雯
資深編輯／陳瑩慈
資深企劃編輯／楊逸竹
企劃編輯／林胤孝、蔡川惠
版權專員／何晨瑋、黃微真

出版者／親子天下股份有限公司
地址／台北市104建國北路一段96號4樓
電話／（02）2509-2800　傳真／（02）2509-2462
網址／ www.parenting.com.tw
讀者服務專線／（02）2662-0332　週一～週五：09:00~17:30
讀者服務傳真／（02）2662-6048
客服信箱／ bill@cw.com.tw
法律顧問／台英國際商務法律事務所・羅明通律師
製版印刷／中原造像股份有限公司
總經銷／大和圖書有限公司　電話：（02）8990-2588

出版日期／ 2021年05月第一版
定　價／ 380元
書　號／ BKELL004P
ISBN ／ 978-626-305-014-3（平裝）

愛，需要勇敢：創造幸福感的關係練習／康思云等著. -- 第一版. -- 臺北市：親子天下股份有限公司, 2021.05
240面；14.8X21公分. -- (輕心靈；4)

ISBN 978-626-305-014-3(平裝)

1. 人生哲學 2. 生活指導

191.9　　110007152